A B

Contraste insuffisant

NF Z 43-120-14

A TRAVERS
L'ALBANIE

SOUVENIRS D'UN VOYAGE

PAR

A. MEYLAN

Illustrations par DE BAR, GILBERT, VARRONE, etc

PARIS

LIBRAIRIE CH. DELAGRAVE

15, RUE SOUFFLOT, 15

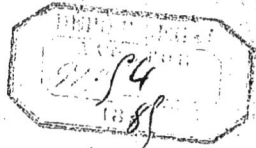

A TRAVERS L'ALBANIE

SOCIÉTÉ ANONYME D'IMPRIMERIE DE VILLEFRANCHE-DE-ROUERGUE
Jules Bardoux directeur.

A TRAVERS

L'ALBANIE

PAR

AUG. MEYLAN

PARIS

LIBRAIRIE CH. DELAGRAV

15, RUE SOUFFLOT, 15

—

1885

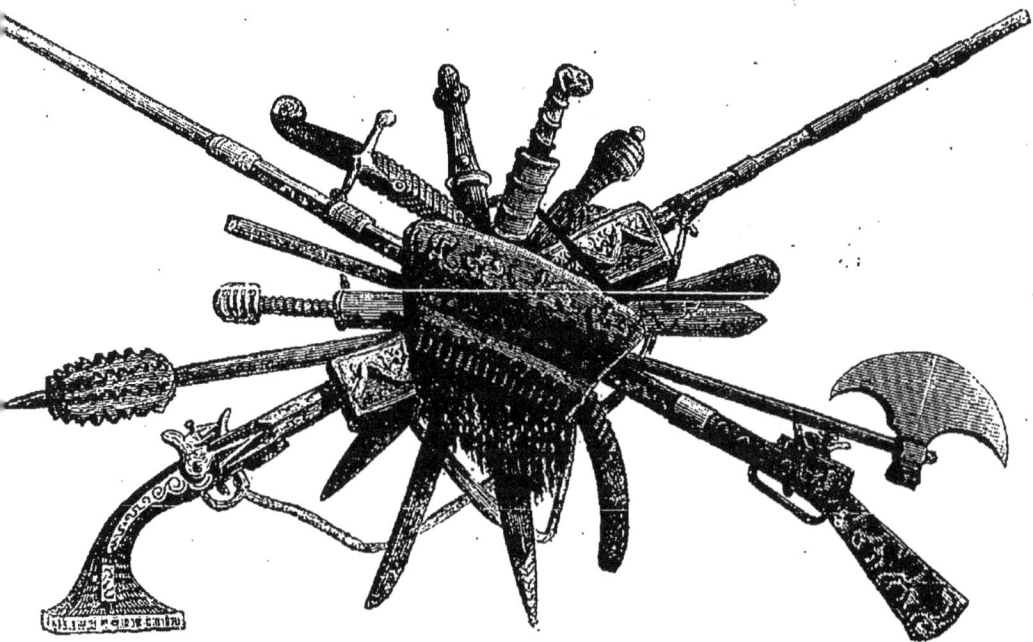

A TRAVERS L'ALBANIE

I

Passer par Belgrade , pour se rendre en Albanie
n'est pas tout à fait la ligne directe ; mais en voyage,
l'homme propose et les circonstances disposent : j'avais
du reste l'intention de franchir le chaînon de montagnes qui séparent la Serbie du Monténégro. On
verra plus loin que la chose ne fut pas possible.

1

Vienne et Pesth étaient déjà derrière moi, je descendais à travers la Hongrie vers le Danube ; c'était au gros de l'hiver, l'armée serbe avait franchi la frontière, elle assiégeait Nisch et Pirot : les Turcs, assaillis de tout côté à la fois, pliaient un peu partout.

Le Bannat, avec son horizon plat, s'étend de Verschez, sur une étendue de 50 kilomètres jusqu'au Danube ; il faisait un froid sibérien, les routes à peine battues étaient sillonnées de traîneaux. Les villages de la contrée sont peu luxueux : ici et là une auberge allemande enfumée, dans laquelle on brûle les épis décortis du maïs ; on y boit le petit vin blanc hongrois, sec, agaçant ; les indigènes avalent des petits verres.

Le Bannat est la patrie des Tziganes qu'on rencontre de temps à autre, groupés autour d'un feu sur lequel chante une vieille marmite.

Il faudrait être polyglotte pour traverser ces contrées, car on y rencontre ici un village hongrois, là un village allemand, plus loin une bourgade roumaine ou un hameau slave. Il y a, m'a-t-on dit, deux villages peuplés de Français, descendants de ceux qui suivirent le dernier duc de Lorraine.

On rencontre déjà dans ces plaines, attristées par leur monotone vastitude, les types les plus divers de ces populations qui paraissent s'y être donné rendez-vous. Ce sont les Hongrois ou Magyares, qui parlent

Campement de Tziganes dans le Bannat.

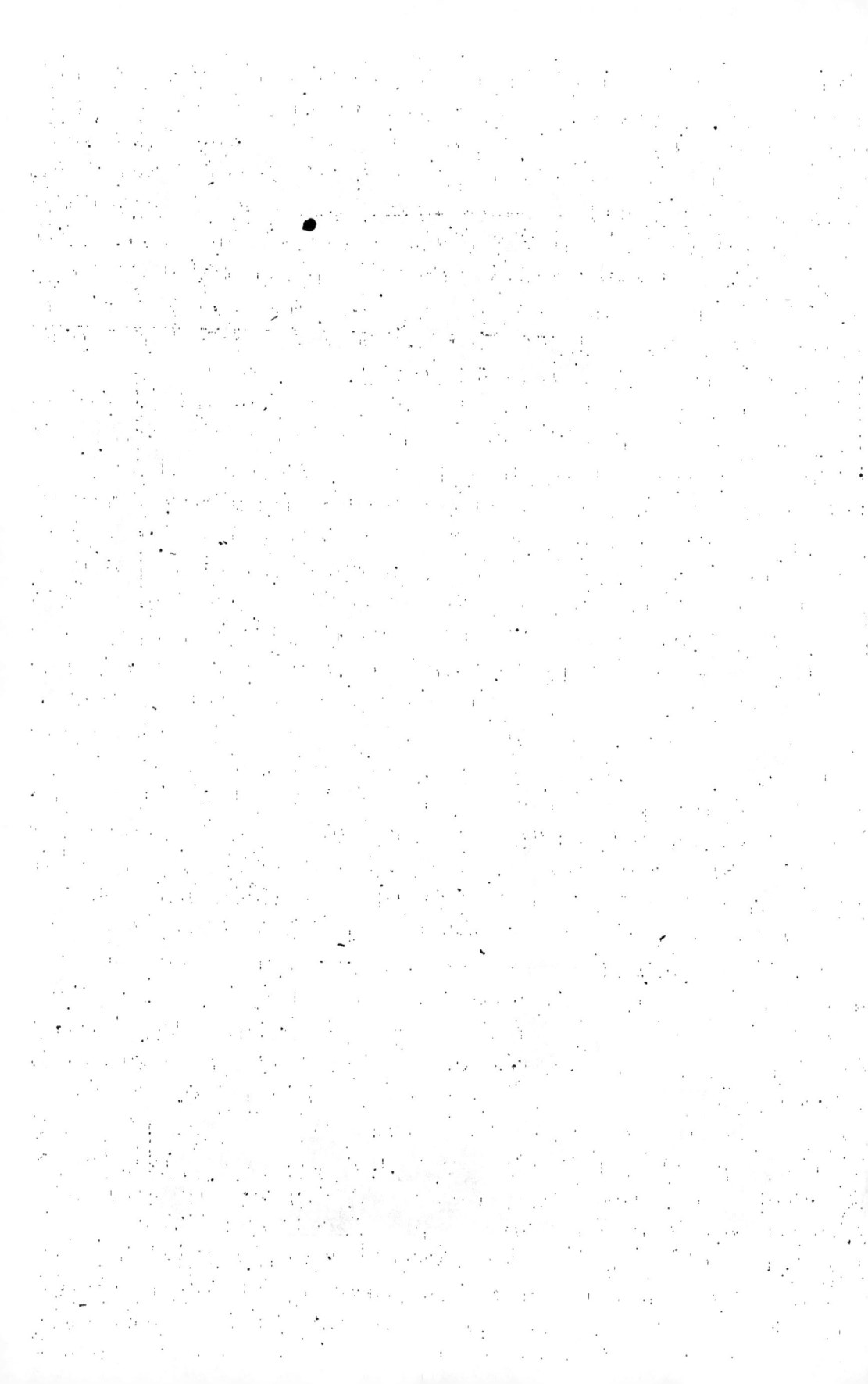

cette langue encore peu connue en Europe, et dont le
vocabulaire est composé de racines qui se retrouvent
en grande partie dans le slave, le grec, le latin, l'allemand, l'italien et même le turc. Puis viennent les Rou-
mains, dont la langue est purement latine, les Bul-

Bulgares.

gares et les Serbes qui parlent un dialecte slave qui ressemble au russe, quoique plus facile. Ces populations
portent à peu près le même costume, c'est le bonnet
fourré pour l'homme, le veston avec quelques garni-
tures éclatantes. Ici et là, un mélange du costume
oriental et de celui du nord. Quant à la femme, elle
apparaît, à part quelques rares exceptions, sous un

aspect qui n'est guère flatteur. Ces pauvres créatures n'ont, du reste, pas à leur disposition des magasins bien pourvus, ni même un journal de modes. Depuis des siècles, de mère en fille on s'habille de même.

A mesure qu'on avance vers le sud-est, l'Orient s'accentue, la femme devient plus sauvage, l'homme reprend son rôle de maître : il n'apparaît plus guère que muni d'espingole, de yatagan et d'énormes pistolets, qui chargent sa ceinture. Le fez du Turc se verra partout. La femme disparaît peu à peu, ou, si elle se montre, c'est parée d'une façon primitive, la tête couverte de colifichets.

Dans un pauvre village perdu dans la plaine, je vis errer quelques-unes de ces créatures portant sur une sorte de chemise deux grands foulards de cotonnade, l'un attaché devant, l'autre derrière. Ces deux mouchoirs formaient à peu près tout l'extra de la toilette de ces malheureuses. Avec 80 centimètres, nos villageoises pourraient en faire autant. Mais l'homme ne se contente pas de ces colifichets de pacotille, de cette nouveauté de Troyes : il lui faut une ceinture éclatante, le veston oriental, le pantalon bouffant. Il en est qui portent avec ce costume, dans les villes surtout, le col cassé et une cravate à nœud fait.

J'étais sur le bord de la route, les pieds dans la neige, ma petite sacoche accrochée au dos, lorsque passa un traîneau, monté par un cocher et deux individus.

— Vous allez au Danube? me cria l'automédon.
Montez là.

En une paire de minutes j'étais intercalé dans les
colis, et les deux chevaux partaient à fond de train
à travers la campagne.

Bulgares.

Les gens du pays qui passaient en traîneau nous
regardaient d'un drôle d'air.

J'appris plus tard que je faisais partie d'un convoi
impérial de prisonniers, c'est-à-dire que je voyageais
en compagnie d'un garde-chiourme du gouvernement
qui emmenait en prison un coquin de la contrée.

Chemin faisant, le garde-chiourme daigna s'entre-
tenir avec moi ; il me raconta force histoires de bri-
gands, il avait la bosse du métier et un stock d'anec-
dotes à placer. Il me fit remarquer, près d'un grand
moulin à vent, un petit mur où quelques années auparavant on avait pendu sept individus qui détrous-
saient les voyageurs. Et nous cheminâmes ainsi, bu-
vant ici et là un verre de vin blanc, jusqu'aux grandes prisons isolées au milieu d'un paysage désolé,
où le garde-chiourme et son captif disparurent.

La nuit vint, les chevaux trottinaient toujours ;
enfin Panscova se montra à l'horizon.

— Vous conduirez le baron (en Hongrie on donne
volontiers le titre de baron aux voyageurs étrangers)
à l'hôtel de la « Belle Bergère ».

Le conducteur entra brusquement dans une cour, et
j'étais logé dans un assez confortable petit hôtel, le premier sur trois que contient la ville. La Belle Bergère
était une brave femme, fort affairée à servir une masse
d'officiers autrichiens qui oubliaient avec les cartes
les ennuis du métier des armes aux confins de l'empire. Le lendemain, c'était le premier de l'an, la cha-
pelle d'un régiment vint jouer sous nos fenêtres
Kaiser Franz et toutes les aubades à l'ordonnance.

A neuf heures nous quittions la ville, et dans
l'après-midi nous arrivions en vue du Danube.

Le fleuve roulait d'énormes glaçons ; 3 à 400 traî-
eaux campaient dans la plaine, attendant les marins
anubiens qui devaient nous passer à Semlin ; enfin
es grandes barques sont prêtes, on les emplit de colis
e toute espèce : c'est dix florins pour passer.

Il n'apparaît plus guère que muni d'espingole...

Plus le temps est mauvais, plus la taxe s'élève.

Les marins nous surveillent. « *Ruhig sitzen, wir
spielen unser Leben* (tranquillement as·is, nous jouons
notre vie). » Et la barque enfonce sous le poids des

colis, les glaçons viennent heurter les bords avec un bruit de verre qui se brise.

Un homme armé d'une pique éloigne les banquises, le temps est noir : c'est sinistre, car. le Danube est large.

Les rameurs sont prudents ; au bout d'une heure nous abordons.

Semlin est là ; Belgrade est devant nous, sur le versant du coteau de la Save ; un rayon de soleil perce les nuages et fait briller les tours et les tourelles dorées de la cathédrale.

De loin l'aspect est enchanteur, de près tout change.

Enfin me voilà au premier terme de mon voyage et je descends à la « Couronne de Serbie », hôtel sur lequel s'abattirent pendant la première guerre tous les journalistes parisiens. La « Couronne de Serbie » n'est pas une bien magnifique résidence, mais enfin on y trouve tout ce dont on a besoin en voyage : journaux, nouvelles, boire et manger, et chambre chaude. A peine installé, les démarches commencent ; le prince Milan était avec ses troupes : les Serbes ne disent pas à la tête de ses troupes ; le commandant en chef général Protitsch, auquel je m'étais fait recommander, m'envoyait un télégramme par lequel il m'annonçait que les expériences de la dernière guerre avaient

omplètement édifié le gouvernement serbe. On ne
olérait plus de journalistes. On les avait comblés
'attentions et de décorations, et les ingrats avaient .
alomnié le pays. Que faire? Je pris bien vite une
détermination : j'allais explorer Belgrade et les envi-
'ons, puis je reprendrais le chemin de l'Albanie par

Femmes des Balkans.

Trieste et l'Adriatique. J'irais retrouver nos braves
gens des montagnes Noires, pays où l'on ne comble
pas les journalistes d'attentions et de décorations, mais
où on les reçoit, au moins.

J'avais des relations dans la capitale de la Serbie,
elles me furent utiles ; je visitai les casernes : on y

exerçait les jeunes gens pour les mener sus aux Turcs ;
ils faisaient de la gymnastique dans les cours des
casernes et dansaient la *hora,* en attendant l'heure pa-
triotique de tirer des coups de fusil sur les fez venus
de Stamboul.

Belgrade est au fond un bien grand village, avec
quelques édifices comme la cathédrale, le théâtre où
on joue des pièces patriotiques slaves qui durent trois
jours, c'est-à-dire deux ou trois soirs, puis un konak,
ou palais, avec les bâtiments de l'administration.

La princesse Natalie se promenait en traîneau,
suivie par un demi-escadron de magnifiques hussards
de la garde, dont l'un perdit un colback que j'eus
l'honneur de lui restituer. Au fond on s'ennuie dans
cette métropole, et au bout de quelques jours je re-
passais la Save, le Danube, je rentrais à Panscova ;
de là je traversais de nouveau le Bannat et en une nuit
de chemin de fer j'étais de retour à Pesth, en une seconde à Kanitscha, et trois jours après je voguais sur
l'Adriatique, en route pour l'Albanie.

. . . .

Le 6 janvier 1878, le *Miramar,* grand vapeur du
Lloyd autrichien, entrait dans les Bouches de Cattaro.

Rien de pittoresque comme cette anse, autour de
laquelle trois nations voient mourir leurs frontières.

En haut, sur les pics, c'est le Monténégro qui veille ; en bas, autour de la mer, le soldat autrichien surveille à portée de fusil le nizam turc. Les montagnes sont à pic, les sentiers qu'on appelle *serpentines* tournent autour des rochers et conduisent aux plateaux des Alpes Dinariques ; sur les coteaux du versant, des

Il en est qui portent, avec ce costume, le col cassé.

cloîtres et couvents, accrochés sur les rochers, dans les bois, semblent des aires d'oiseaux de proie. J'avais déjà parcouru ces contrées deux ans auparavant pendant l'insurrection herzégovinienne ; alors tous ces bois étaient en fleur : c'étaient de vastes taches jaunes de chèvrefeuille sauvage embaumant l'atmosphère ; les merles bleus, communs en ces parages, sif-

flaient dans les buissons ; au passage du vapeur on
entendait les chants du rossignol ; plus loin les couvents grecs sonnaient leurs carillons religieux. Quelle
différence avec le paysage d'hiver : des nuages noirs
au ciel, le golfe de Cattaro sombre, froid, les rives
désertes et comme un voile de deuil sur toute la contrée !

Le soir nous débarquions à Cattaro, ville bizarre
accrochée aux flancs d'une montagne formant un mur
perpendiculaire de 4,000 pieds de haut. Le soleil est
rare, en hiver surtout ; il luit pendant une ou deux
heures, puis il disparaît derrière les rochers.

Cattaro a sa *locanda* fréquentée par des officiers autrichiens et quelques notables monténégrins ; c'est un
petit hôtel du pays qu'on a appelé la « Pastrana » (la
Femme à barbe), — on n'a pas su me dire pourquoi.

Derrière la ville se dresse un vieux château vénitien, gigantesque construction en pierre de taille qui
ressemble à une énorme verrue de rochers.

J'eus bientôt réglé les détails de mon passage à
travers la montagne ; le lendemain, un cheval et un
guide devaient me prendre à huit heures devant le
caravansérail, où débouche le sentier qui conduit aux
montagnes Noires.

Je passai la soirée en compagnie de dignitaires

Les Bouches de Cattaro.

monténégrins, d'anciennes connaissances, entre autres le sénateur Matanowitsch, vieux brave, père de l'aide de camp du prince. Nous nous étions vus deux ans auparavant dans les montagnes, aux frontières de l'Herzégovine; il revenait de Trieste acheter pour le compte de la principauté des farines et du biscuit : car depuis deux ans les guerriers se battaient et les cultures avaient été négligées.

Le lendemain à l'aube j'étais debout, ma gourde était remplie de *slobowisch,* eau-de-vie de prune très forte et peu aromatique. Le cheval, par contre, n'arrivait pas. A neuf heures nous vîmes arriver le maître, il était de méchante humeur : il avait neigé sur la montagne et il regrettait d'avoir traité pour quinze florins. L'hôte obligeant voulut lui faire des reproches; alors le maquignon se fâcha tout rouge, déclarant qu'à moins de cinquante florins le cheval ne passerait pas la montagne.

J'aurais pu, au pis aller, conter ma mésaventure aux autorités autrichiennes, généralement peu tendres à l'égard de ce monde; mais en ce moment, des femmes monténégrines passaient pesamment chargées : j'eus honte en pensant que si des femmes passaient la montagne, je serais arrêté à propos d'un cheval; et, serrant la main de mon hôte, je me mis à gravir les premières pentes. Et comme elles riaient les pauvresses, vêtues d'une chemise, d'une sorte de robe de chambre de laine brute, les jambes nues rougies par le froid! Elles portaient des sacs de maïs, les cordes croisées sur la poitrine semblaient entrer dans les chairs, mais elles sautaient sans trêve d'une pierre à l'autre.

Bientôt nous fûmes au-dessus de la ville; on voyait dans le fond les terrasses et les cours des maisons, le pont du vapeur, les forts et l'immensité du golfe. Et nous montions toujours, la neige devenait de plus en plus épaisse, une soif ardente me dévorait; de temps à autre je versais de l'eau-de-vie dans un gobelet, j'y ajoutais de la neige, et en serrant les doigts et chassant mon haleine je formais un peu d'eau. La fatigue et le sommeil me prenaient, je m'assis sur les rochers; mais les braves Monténégrines, debout près de moi, m'encourageaient à me lever, elles m'adressaient des conseils que je ne comprenais que par quelques mots et à leurs gestes : car celui qui s'endort sur la neige ne se réveille plus ici-bas.

L'air devenait de plus en plus vif et léger, nous avions atteint les plateaux de Niegousch, la partie difficile de l'ascension était franchie; après cinq heures d'escalade, les jambes reprenaient leur ressort. A Niegousch, il y a un petit caravansérail pour les gens de la montagne, une vieille Monténégrine vend aux montagnards du vin et du pain. J'offris aux femmes une collation complète : elles se placèrent en groupe autour du feu, avalèrent un verre de vin, puis elles repartirent dans la direction de

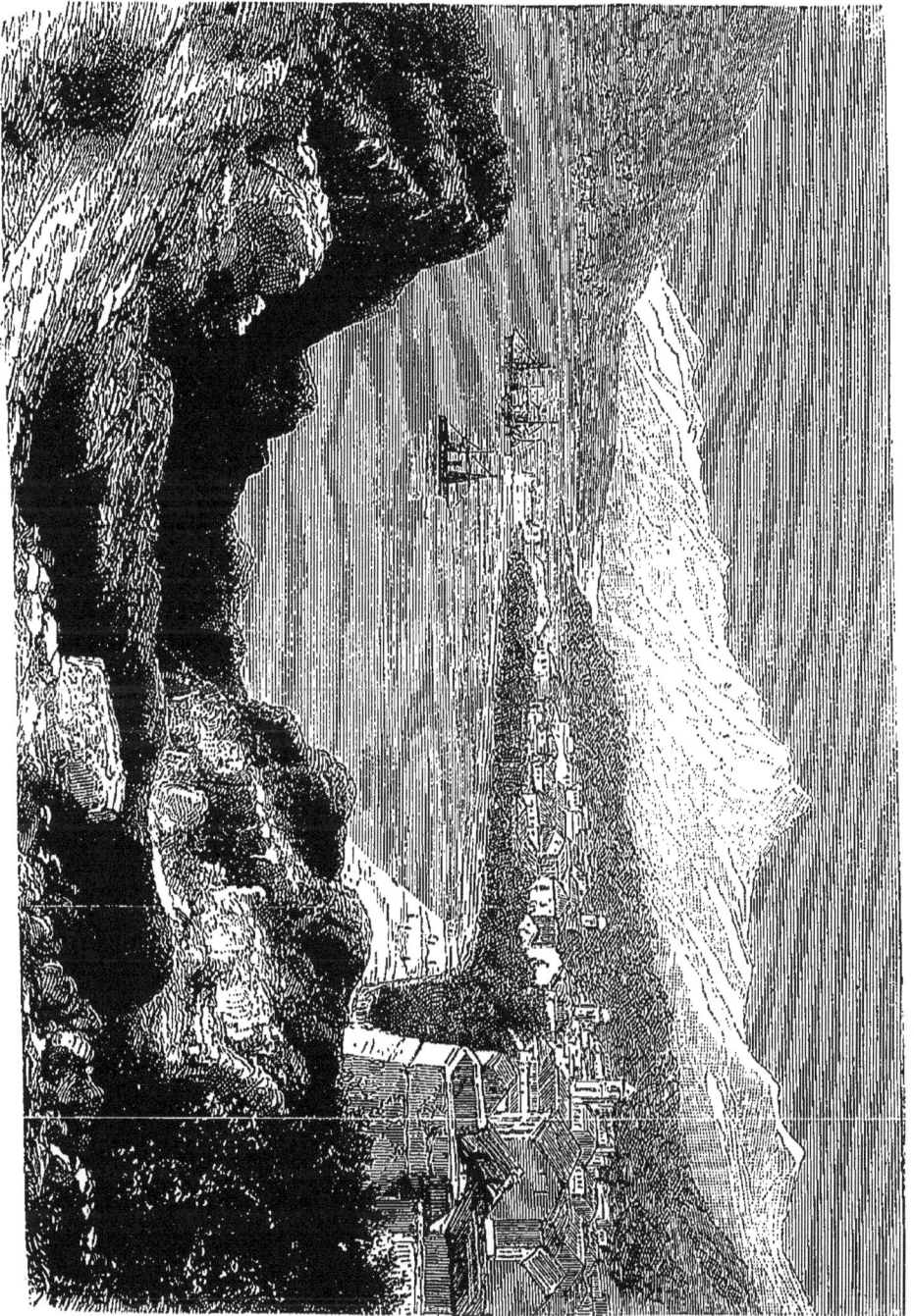

Le soir, nous débarquions à Cattaro.

Grakowo; moi-même j'allais à Tzettinié. La vieille Monténégrine qui tenait le cabaret des montagnes parlait quelque peu l'italien; elle m'annonça que peu de jours auparavant une troupe de ces courageusés femmes avait été surprise par un tourbillon de neige; quatre d'entre elles avaient disparu dans les précipices.

— On retrouvera les corps quand la neige sera fondue, dit la vieille, en manière de réflexion.

De Niegousch à Tzettinié il y a deux à trois heures de marche. On franchit encore quelques pics : du sommet de l'un d'eux la vue s'étend au loin vers la belle et pittoresque Albanie, le lac de Scutari forme des dessins capricieux autour des monts; un point blanc au fond de l'horizon, c'est Scutari, la ville des pachas.

J'arrivai en deux heures à Tzettinié, le voyage m'avait pris huit heures; avec un cheval on en met dix, car rien n'est comparable à la prudence, à la sagacité de ces utiles animaux : ils tâtent du sabot chaque roc sur lequel ils vont placer le pied ; si la pierre n'est pas solide, le cheval cherche des yeux un autre passage, il tend son dos, il prend un élan, il se hisse et, sans s'arrêter un instant, il poursuit sa course à travers pics, crevasses, obstacles, et ne s'arrête que lorsqu'il est au terme de son voyage.

Tzettinié est une bourgade d'aspect assez misérable : c'est la capitale ou plutôt le chef-lieu du Monténégro.

Des montagnes, formant une sorte d'enceinte, entourent le plateau; les chaumières sont jetées de-ci de-là sans symétrie, sauf cependant dans la rue principale qui conduit au konak ou habitation du prince.

Comme il n'y a pas de métiers ou d'ouvriers au Monténégro, chacun construit sa maison comme il lui plaît ou selon son génie. Pour les maisons des notables, on fait venir de Cattaro des ouvriers slaves, et ils placent les fenêtres, meubles, boiseries de l'intérieur. Pour la grande masse des familles, la maison a une porte et quelques issues dans le mur. On fait le feu au centre; aux poutres de l'intérieur sont suspendues les provisions, jambons et fusils, épis de maïs et de handschars. Autrefois on conservait dans le sel les têtes des Turcs que les guerriers s'en allaient couper aux frontières; mais cet usage a disparu : en ces dernières années on ne coupait plus que les nez, et encore le prince a-t-il sévèrement interdit ce petit usage.

Au fond de la rue centrale, voici le konak : c'est la plus grande construction de Tzettinié, c'est la résidence princière, devant laquelle un des gardes du corps, fusil au bras, fait faction. Ces gardes du corps ou périaniks (hommes à plumets) sont de magnifiques gaillards, choisis parmi les plus braves, les plus fidèles et les plus beaux de la principauté; ils sont une centaine. L'édifice lui-même ressemble assez à une de ces grandes maisons de paysans de la Savoie

ou des riches contrées du pays vaudois. A l'intérieur
il y a un salon de réception; derrière les écuries prin-
cières, un grand jardin et un parc dans lequel vient
s'ébattre la jeunesse dorée de la principauté.

Mais nous sommes en pleine guerre, les guerriers
monténégrins sont tous dans les montagnes de l'Albanie, le konak est solitaire, le perianik qui garde
la porte d'entrée veille sur la princesse et ses enfants;
il n'y a plus que des femmes, des enfants et des vieillards dans la bourgade.

Je me trompe, il y a environ 200 pauvres diables
de prisonniers turcs qu'on a logés tant bien que mal
dans les chaumières du village. Ces malheureux gre-
lottent sous leur mauvais burnous de laine grossière ;
ils sont accroupis, serrés les uns contre les autres
autour des feux. Le Sénat monténégrin leur passe un
pain tous les jours, de la viande tous les deux jours
et du café; ils sont mieux nourris que les neuf
dixièmes de la population de la principauté, qui ne
vit que de farine de maïs et de biscuit.

Je connais Tzettinié en détail, la bourgade n'a pas
changé depuis l'insurrection : ce sont les mêmes
chaumières noires où le barde chante les exploits des
guerriers; la vieille église du Vladica, la tour des
Crânes où autrefois on exposait les têtes de Turcs,
puis le vieux palais, espèce de hangar où se réunis-
sait autrefois le Sénat. Aujourd'hui, il se réunit, en

hiver, dans une salle du konak; en été, sous un til-
leul, et là MM. les sénateurs, assis sur des pierres,
liquident les affaires de l'État avec autant d'assurance
que s'ils étaient confortablement installés dans les fau-
teuils capitonnés du Luxembourg ou du Palais-Bour-
bon. On appelle ce vieux palais le *Bigliardo,* — c'est
le nom consacré, — d'après une légende que tous
les voyageurs qui arrivent au Monténégro doivent
connaître.

Le prédécesseur du prince actuel avait fait ses
études à Paris, il y avait pris goût au billard et il ré-
solut de se passer la fantaisie d'en faire venir un de
Paris. L'énorme meuble arriva à Cattaro; une centaine d'hommes en prirent possession, et au prix de
mille peines on l'apporta jusqu'au sommet des montagnes Noires. Les populations écarquillaient les
yeux; bientôt on sut ce qu'était ce meuble étrange,
et le vieux palais dans lequel on l'installa garda le
nom du meuble. Aujourd'hui, le billard a été placé
dans une des salles de la locanda, et MM. les sénateurs viennent y faire leur partie et y prendre quelques
bouteilles de bière de Trieste. Telle est la légende du
Bigliardo.

Le soir de mon arrivée à Tzettinié, un magnifique
clair de lune d'hiver éclairait la contrée; de la petite
fenêtre de mon réduit, je voyais à gauche les prisonniers turcs accroupis autour de leurs feux; les reflets
du brasier donnaient à ces physionomies un aspect

étrange. Il y avait parmi eux des soldats venus des contrées alcinées de l'Yémen et des lointains pays de l'immense empire ottoman. Au loin on entendait les hurlements des loups qui rôdent autour de la bourgade pour enlever les chiens monténégrins. Quel changement de décors! Plus de chants du rossignol gazouillant dans les buissons de chèvrefeuille en fleur; l'hiver, le cri des fauves et la guerre au delà des pics du Sutorman, que j'allais franchir pour entrer en Albanie.

II

LA LÉGENDE DU DIABLE. — QU'EST-CE QUE L'AL-
BANIE ? — MŒURS ALBANAISES. — ENTRÉE EN
CAMPAGNE. — SAVO LE RENÉGAT. — LE DÉSER-
TEUR TURC. — WIR BAZAR ET LES FEMMES MON-
TÉNÉGRINES.

« Le diable, dit une vieille légende des pays monténégrins et albanais, passait à travers le monde : il
avait été chargé de répartir sur la terre les montagnes
dont notre globe est couvert ; en passant au Monténégro, le sac de pierres qu'il portait sur le dos creva,
et la contrée fut couverte de pierres. »

Il faut croire que le sac du diable contenait une
formidable provision de pierres : car aucun pays du
monde n'offre aux yeux une masse pareille de rochers
jetés confusément ici et là, formant des montagnes,
des gorges, ravins et précipices. L'Albanie en a eu
sa part : le pays albanais est un des plus accidentés
du globe ; ce ne sont que monts escarpés qui se sui-
vent les uns les autres, plus sauvages l'un que l'autre ;

au fond des vallées coulent des rivières qui forment ici et là des lacs petits et grands.

L'Albanie est une grande province turque, composée d'une portion de l'Épire et de la Macédoine, peuplée par des gens qui se donnent le nom de Skypétars ; ils parlent une langue qui ne ressemble à aucune de celles des autres peuples des Balkans, dans laquelle on trouve quelques mots grecs, latins, slaves et qui paraît une langue aryenne. Pline parlait déjà des gens du pays qu'il dit constitués en tribus.

C'est au commencement du quatorzième siècle, après les invasions des barbares, que les Albanais reparurent et ne tardèrent pas à faire parler d'eux ; mais les divisions de leurs princes les perdirent.

Les Turcs les subjuguèrent petit à petit. Skanderbeg seul brava leurs armées et rappela un moment les exploits d'Alexandre ; puis il succomba à son tour, et la Turquie était maîtresse du pays. Depuis quatre siècles, Constantinople considère l'Albanie comme une province de l'empire ; les Albanais laissent dire et faire ; au fond, ils ne reconnaissent guère l'autorité de la Porte : les tribus des montagnes vivent en fédérations indépendantes, ne payant que quelques redevances, toujours prêtes à contester l'autorité des Turcs. Les mœurs de ces peuplades sont guerrières ; comme en Corse, la vendetta fait, bon an mal an, de nombreuses victimes.

Quand il y a le sang entre deux familles, c'est une guerre impitoyable de ruse et d'audace ; elle peut durer jusqu'à trente et quarante ans : les enfants héritent de la haine du père, et c'est avec un amour filial digne d'une meilleure cause que les héritiers ennemis poursuivent à la seconde génération les inimitiés de leurs pères.

Les Albanais des montagnes forment une sorte de fédération d'États ; mais les querelles des familles deviennent parfois générales : alors on se bat de village à village et de tribu à tribu, surtout entre peuplades slaves du rite grec et peuplades albanaises catholiques.

À cela il faut ajouter la haine entre Turcs *musulmans* et chrétiens, entre maîtres et rajahs, très vive surtout dans les villes et dans les contrées où le Turc peut imposer sa domination.

Les tribus albanaises ont pour chefs des capitaines ou bajactars qui jouissent d'une autorité beaucoup plus étendue que les woïwodes des tribus slaves ; le bajactar dispose des gens de sa tribu : il tranche les différends, il accorde des laissez-passer aux étrangers, et conduit ses administrés à la guerre.

Les mœurs albanaises sont fort curieuses, elles n'ont guère de rapport avec celles des autres peuplades des Balkans. Brave, indépendant, fier de sa liberté,

l'Albanais, qu'il soit chrétien ou musulman, veut vivre
libre et tranquille dans ses montagnes. Il ne veut ni
de la tyrannie de Constantinople ni de la domination
slave. Il tient à ses usages, mœurs et traditions, et, —
chose bizarre, — on rencontre en Albanie des Albanais
musulmans, orthodoxes catholiques, grecs et catholiques romains. Il faudrait un gros volume rien que
pour relater dans leur ensemble les mœurs de tous
ces peuples, leurs usages bizarres, leurs tendances au
théâtral et à l'opéra... comique. La seule cérémonie
d'un baptême, d'une noce, d'un enterrement étonnerait l'Occident, où tout se passe à peu près d'après
des règles convenues.

Les principales tribus sont les Mirdites, dont le
prince, Prenk-Bib-Doda, préfère la vie oisive et raffi-
née de Constantinople à l'exercice de l'autorité dans
son pays natal.

Il y a aussi les Sciallas, les Hotti, les Castrati, les
Clementi et une foule de plus petites tribus peu con-
nues vivant à l'état de demi-indépendance. Il existe
aujourd'hui dans l'ancien royaume de Naples de nombreux villages d'Albanais qui ont fui leurs montagnes,
ont franchi l'Adriatique et sont venus s'établir dans
les fertiles campagnes de la Pouille. Le voyageur voit
avec étonnement ces villages qui sont au nombre
de 55 à 60; les femmes surtout ont gardé par tradition
le costume d'Albanie; la langue est restée, mais elle
finira par disparaître avec le temps. Le costume al-

La seule cérémonie d'un baptême, d'une noce, d'un enterrement, étonnerait l'Occident.

)anais diffère beaucoup de celui des autres peuplades
les Balkans ; sur les côtes de l'Adriatique on voit reparaître le mélange bizarre de l'Orient et de l'Occident,
du Nord et du Sud.

Les femmes surtout ont gardé par tradition le costume d'Albanie.

Voilà à grands traits ce qu'est cette Albanie qui
fait si souvent parler d'elle aujourd'hui.

Janina et Sckutari sont les deux capitales où les
Turcs installent leurs gouverneurs, qu'on ne tolére-
rait pas dans les montagnes.

Il suffit de rappeler le sort du malheureux Mehemet-Ali qui, envoyé par la Porte pour pacifier les turbulents sujets arnautes, fut massacré par ceux-ci sans qu'on ait jamais osé poursuivre les coupables.

En 1878, l'armée monténégrine avait franchi les grands massifs de montagnes qui forment la frontière de l'Albanie; elle guerroyait sur les bords du lac de Scutari et sur les côtes de la mer Adriatique, et assiégeait la vieille colonie des croisés, Antivari ou le Bar des Turcs, et je voulais rejoindre l'armée monténégrine.

Un messager envoyé au prince rentra au bout de quelques jours, annonçant que je serais bien accueilli par celui-ci. Je m'apprêtai en conséquence à partir.

Le secrétaire du prince voulut bien s'occuper de moi; un bon cheval aux jarrets solides, un homme de confiance comme auxiliaire, voilà tout ce qu'il faut pour entrer en campagne. Un beau matin, à l'aube du jour, au moment où le soleil faisait scintiller les cristaux glacés d'un paysage d'hiver, je sautais en selle, accompagné par Savo, un renégat de Mostar, qui s'était fait chrétien on ne sait trop pourquoi, mais qui au fond était un excellent garçon.

Nous franchîmes les premiers pics qui forment autour de Tzettinié comme une ceinture de forts, et peu après nous dominions des yeux le vaste paysage albanais.

Tout à coup, d'une crevasse de rocher, un personnage surgit comme un diable sortant d'une boîte à surprise.

C'était un Turc sec, pâle ; sa grande moustache

On voit reparaître le mélange bizarre de l'Orient et de l'Occident.

noire tombait en avant comme celle d'un mandarin chinois ; il portait un vieux burnous de l'infanterie turque, le fez traditionnel et le pantalon bleu de l'armée. Sélim, tel était son nom, parla bas pendant un instant à mon guide. Que lui raconta-t-il ?

Je ne l'ai jamais su. Probablement le malheureux

lui déclara qu'il en avait assez de la vie de prison-
nier des Monténégrins et qu'il s'échappait ; l'occa-
sion était excellente pour lui, car ma présence devait
le protéger. Sélim fit l'officieux, il prit sur son dos
mon petit sac de voyage, et nous voilà à trois pour le
voyage, descendant à travers les gorges jusqu'à la
Riecca, la ville industrielle de Monténégro.

me -
lite)

La Riecca a une scierie, deux ou trois boutiques
sordides, un caravansérail et un pont sur la rivière
dont elle porte le nom.

L'hôtesse du caravansérail avait du pain gluant,
du vin et du lard ; elle me fit frire des lardons rances
qui avaient une telle odeur que je la priai de bien
vouloir partager avec moi, ce qu'elle fit incontinent
en prenant à même de mon assiette, et avec les doigts,
les morceaux les plus appétissants pour elle et qui
l'étaient le moins pour moi.

Pendant ce temps, Savo et le Turc dévoraient un
poisson sec, un scoranze de la Riecca, poisson qui
vit par bancs nombreux dans cette petite rivière.
Pendant toute la journée ce fut un voyage échevelé
à travers les montagnes les plus désolées qui puis-
sent s'imaginer ; les routes et sentiers n'existent plus
dans les montagnes, tout au plus peut-on suivre
la trace du sabot des chevaux sur les rocs calcaires ;
en certains endroits il faut sauter d'un rocher à
l'autre, franchir les torrents et cascades, descendre

Pendant toute la journée, ce fut un voyage à travers les montagnes les plus désolées.

de roc en roc des pentes vertigineuses, tirant le cheval par la bride.

Le pauvre animal déploie une sagacité admirable :
c'est un pied après l'autre qu'il pose en avant, main-
tenant son équilibre par d'incessants mouvements du
corps. Dans la journée nous voyageâmes de conserve
avec des détachements de quarante à cinquante femmes poussant devant elles de petits chevaux chargés
de caisses.

C'étaient des munitions acheminées vers les camps
où les bataillons monténégrins attendaient leurs cartouches. Beaucoup de ces femmes portaient d'énormes sacs de biscuit ou de maïs, d'autres avaient
attaché autour des épaules un double petit sac dans
lequel se trouvaient deux objets pareils à de petits
pains de sucre. C'est le soir, à Wir Bazar, que j'appris
que ces objets étranges n'étaient autres que des obus
chargés, que les vaillantes femmes portaient aux
assiégeants devant Antivari et Dulcigno. Un faux pas,
une maladresse, et le projectile pouvait éclater et fou-
droyer celle qui le portait. Pendant toute la guerre,
aucun accident de ce genre ne se produisit, et quelques milliers d'obus furent portés de la sorte de l'ar-
senal de Tzettinié en Albanie.

Le Sutorman est un immense bloc de montagnes
jeté par-dessus le fouillis déjà inextricable des rochers dynariques; il est peu connu, peu exploré ; ici

et là on voit de petits fortins que les Turcs avaient
successivement évacués et d'où ils s'étaient retirés
sur Antivari.

Pas de chalets ou de chaumières en ces parages
solitaires : quelques sentiers tracés par le passage des
convois, et c'est tout.

Des torrents roulent bouillonnants en cascades
pittoresques, ici jaillissant du sol, là disparaissant
dans les blocs des rochers ; des touffes de genièvre,
des ronces et des bois de hêtres, puis d'énormes vau-
tours planant autour des pics, c'est là tout ce qui
pouvait fixer notre attention.

Savo, du reste, véritable philosophe, trottinait à
côté du cheval, le déserteur turc marchait pénible-
ment, inquiet sans doute, car il jetait des regards
de tous côtés, craignant vraisemblement d'attirer l'attention de quelque parti monténégrin.

La nuit était venue, la lune monta au ciel, un vent
froid soufflait et faisait gémir les branches des arbres ;
nous avions franchi les plus hautes cimes, nous descendions et nous pouvions voir, dans la demi-obscu-
rité, resplendir comme un gigantesque miroir un
bras du lac de Scutari, puis deux ou trois lumières.
Nous étions au-dessus de Wir Bazar, dernière localité monténégrine.

Une heure après, nous traversions un marécage

pris de glace, nous faisions fuir des bandes de canards sauvages. Savo me dit pour me rassurer : « Padka ! padka ! » (des canards).

Wir Bazar est une pauvre bourgade comptant une douzaine de maisons construites avec des pierres superposées. Les eaux du lac viennent battre la rive ; un pont de pierre, construit par quelque pacha d'autrefois, relie la localité avec la montagne et les premiers coteaux couronnés par de petits forts.

Mais il faisait nuit, et je ne vis tout cela que le lendemain matin.

Wir Bazar a son khan, sorte de bouge où viennent se réfugier les voyageurs que leur mauvaise étoile amène en ces tristes parages.

J'entrai.

Une vieille femme m'accueillit et me parla italien.

— D'où viens-tu ? Où vas-tu ?

Je satisfis la vieille et lui demandai ce qu'elle avait pour me restaurer.

— Un canard, le « padka » du pays.

— Les Turcs avaient le matin même lancé depuis le lac quelques obus sur l'endroit ; il n'y avait pas eu

d'autre accident qu'une maison ébréchée et une bande
de canards massacrés par l'éboulement.

La vieille m'apporta un malheureux palmipède, il
était plumé, vidé et prêt à être passé à la poêle. Mais
connaît-on la poêle en ces coins du monde !

La vieille passa le volatile au travers d'une baguette, je m'accroupis près du brasero et tournai par
mouvement régulier ma proie sur le brasier.

Autour de moi une vingtaine de femmes étaient
accroupies, enveloppées dans leur strouka, elles as-
piraient à pleines narines le fumet s'échappant du
brasier ; elles avaient placé dans un coin, à vingt pas
du feu, leurs petits sacs mystérieux : il y avait là
quarante obus, de quoi faire sauter Wir Bazar, son
pont et peut-être les fortins.

Mais tout ce monde avait l'air si tranquille, si rassuré, que j'arrachai une cuisse du canard et me mis
à manger : un morceau de pain gluant, deux verres
de vin firent le menu du souper, je distribuai le reste
aux femmes qui brisèrent à coups de leurs magnifiques dents blanches ce qui restait du canard.

Savo avait abrité le cheval, il mangeait à même de sa
provision de poisson sec ; quant au Turc, il était monté
sur un bahut à cinq pieds du sol, et là-haut, les jambes
croisées, il fumait mélancoliquement sa cigarette.

— *Che vole quel turco?* me demandait à tout instant la vieille.

Et comme je ne sus que lui répondre, elle s'adressa à Savo en hochant la tête ; tous deux parlèrent longtemps du bonhomme sans doute, sur lequel chacun jetait les yeux.

On me prépara un lit dans un coin à proximité du feu, les femmes s'accroupirent les unes contre les autres, puis le silence ne fut plus interrompu que par le souffle saccadé des dormeuses. J'étais harassé, je dormis bien fort ; j'entendis bien, dans la nuit, un bruit général, mais ce fut tout.

Je m'éveillai au lever du soleil, toutes les femmes avaient disparu.

La vieille rôdait dans son intérieur, préparant le café ; le Turc était encore sur le bahut, la tête dans ses mains, les coudes sur les genoux.

— Où sont les Monténégrines ? demandai-je à la vieille. Alors elle me raconta ce qui suit :

— Ces femmes, dit-elle, viennent de Spizza, où elles ont chargé du maïs ; elles l'ont échangé à Tzettinié contre des obus et de la poudre, et elles portent des munitions aux soldats monténégrins qui occupent des forts sur le bord du lac. Comme la route la plus courte passe sous un fortin turc, elles ont attendu que la lune fût couchée pour passer sous le fort, autrement les Turcs leur auraient tiré dessus. Elles sont parties à une heure, j'ai écouté longtemps, je n'ai entendu aucune détonation et je pense que toutes ont pu passer.

Au dehors on entendait hennir les chevaux et braire les ânes ; c'était un transport d'une centaine de bêtes de somme se dirigeant sur Antivari, chargées de caisses de cartouches.

La petite place était encombrée de caisses ; si les Turcs avaient su cela, ils auraient pu, avec deux ou trois obus, faire une magnifique opération.

Mais tout était tranquille, le lac doré par le soleil du matin paraissait solitaire. Vers huit heures, cependant, une grande barque sortit des roseaux à perte de vue.

— *I Turchi vanno pigliar pane !* c'est-à-dire : « Les Turcs vont chercher du pain, » me dit la vieille.

L'embarcation traversa le lac, les soldats débarquèrent, se perdirent aux abords d'un fort situé sur les bords du lac, où se trouvait, paraît-il, un dépôt de biscuit.

C'était à ne rien comprendre à cette guerre bizarre.

Entre huit et neuf heures, nous quittions Wir Bazar; devant nous, à coups de bâton, de fouet et de verges, cinquante Monténégrines chassaient chevaux et ânes chargés de munitions. Il eût suffi qu'une caisse mal ajustée glissât dans les rochers pour provoquer une explosion, mais rien de pareil n'arriva. Nous dépassâmes le convoi en criant aux vaillantes : « Dobra jutro ! » (bonjour), et nous nous enfonçâmes dans les gorges du second étage du Sutorman.

III

Le soleil éclairait radieux le plus pittoresque des
paysages ; bien que nous fussions en janvier et qu'une
légère couche de glace eût couvert les rives du lac,
la chaleur du soleil était cependant très sensible ;
devant nous se dressait le second massif du Sutorman, plus sauvage encore que le premier ; des blocs
énormes de rochers bleuâtres semblaient jetés les uns
par-dessus les autres dans un fouillis inextricable par
quelque puissant génie.

Vers neuf heures, nous avions traversé le pont de
pierre qui est jeté sur un cours d'eau et nous tour-
nions autour de la montagne, disparaissant entre les
dents des rochers.

Le convoi des Monténégrines et des ânes était déjà

engagé dans les gorges, les caisses de munitions ballottées en tout sens sur le dos des ânes semblaient à tout instant devoir glisser dans les précipices : c'était un vacarme infernal de cris et de jurons, d'énergiques *Bogami* (mon Dieu), exclamation favorite des Slaves.

Autant que faire se pouvait nous accélérâmes le pas pour devancer le dangereux voisinage des convoyeuses. Wir Bazar disparaissait dans le bleu de l'horizon et nous étions en plein dans le méandre albanais. Tout à coup, au tournant d'un pic, nous vîmes approcher un singulier convoi : deux hommes portaient sur leurs épaules un corps placé sur une sorte de brancard formé avec des branches ; c'était un blessé venant du siège d'Antivari et qu'on emportait à travers monts, vaux, précipices et montagnes jusqu'au Monténégro.

Les hommes suaient ; derrière eux en venaient deux autres pour relayer les premiers ; à eux deux ils portaient cinq fusils, des munitions, des bagages et du butin. Nous nous effaçâmes contre les parois de rochers pour laisser passer le sinistre transport. Savo tenait le cheval collé contre le roc ; Sélim se dissimulait dans une crevasse de rocher : il n'était pas rassuré, le pauvre hère.

Les Monténégrins passèrent en nous disant : « Dobra jutro ! » (le salut sacramentel en ces montagnes), ils

jetèrent un coup d'œil de défiance sur le soldat turc,
que trahissait le fez rouge, et puis tous disparurent.

Nous nous remîmes en route, Sélim se retournant
quelquefois. Il avait peine à suivre et s'arrêtait à tout
instant pour boire aux torrents et sources de la montagne; parfois il entretenait une conversation en
langue turque avec Savo; c'était très animé, et évidemment le déserteur turc exposait son inquiétude :
car, au lieu de suivre le sentier, il gravit un étage de
rochers et chemina avec circonspection; bientôt nous
le perdîmes de vue.

Nous venions de franchir une zone pierreuse et
nous étions à la lisière de forêts majestueuses dans
lesquelles jamais explorateur européen ne mit les
pieds. A travers les arbres le plus grandiose spectacle
que j'aie vu de ma vie se déroulait en panorama. Les
étages des montagnes se perdaient dans un horizon
d'une pureté admirable ; entre une échappée de roc, on
voyait une tache d'émeraude ; c'était un bout du lac,
dont l'eau sombre reflétait la rive ; à l'intérieur de la
forêt, de grands arbres, jetés à terre par la *bora*, avaient
sans doute résisté longtemps, car c'étaient des géants.

Nous nous assîmes sur un chêne renversé, nous
avions marché pendant trois heures, il était midi, le
soleil au zénith tamisait ses rayons à travers les
branches dépouillées. Le silence était complet. Sou-
dain un coup de feu et un cri retentirent, l'écho ré-

percuta le bruit de la poudre : le coup était parti au-
dessous de nous.

Savo se leva d'un bond, il regardait de tout côté,
il écoutait et cherchait à percevoir les bruits d'en
bas. Puis, d'une voix forte et en plaçant ses deux
mains près de sa bouche, il cria : Sélim ! Sélim !

Mais rien ; le silence était complet.

Nous attendîmes encore; alors Savo porta la main
au cou et, faisant un geste comme pour expliquer la
façon de trancher la tête, il dit gravement : Sélim !

Le pauvre diable de déserteur s'était-il échappé,
avait-il rencontré un convoi de blessés ou un parti de
Monténégrins battant la campagne, c'est ce que je
n'ai jamais pu savoir.

La guerre terrible que se font les deux races en-
nemies depuis des siècles ne peut laisser aucun
doute : nous sommes en guerre, et malheur au belli-
gérant isolé, rencontré dans les montagnes. En arri-
vant au camp du prince je racontai à l'aide de camp,
le jeune Matanowitsch, ce qui s'était passé ; on fit
demander des renseignements, mais ce fut en vain :
personne n'a jamais su ce qu'était devenu Sélim.

Nous nous remîmes en route, moi un peu ému de
la scène que j'établissais en pensée comme elle avait

dû se produire : Sélim, désarmé, avait été rencontré par un transport de blessés ; un coup de fusil en avait fait l'affaire ; on en avait du reste tant tué, de ces Turcs, qu'un de plus ou de moins pesait peu dans la balance du résultat final.

Savo, en sa qualité de renégat baptisé chrétien, n'avait rien à craindre ; et du reste j'étais là, porteur de lettres pour le prince : tous les Monténégrins, aujourd'hui, savent lire et écrire.

Nous venions d'arriver aux plateaux supérieurs de la montagne ; au loin un long cri sauvage, saccadé, lugubre, se faisait entendre ; à travers les rochers gris nous pouvions voir se mouvoir des formes blanches ; c'étaient des Monténégrins enveloppés dans leur peau de mouton, escortant et portant des blessés : il y en avait plusieurs étendus sur des branches d'arbres, deux autres étaient littéralement ficelés sur des chevaux, la tête attachée à la crinière du cheval, les bras liés au pommeau de la selle ; ils étaient pâles, livides plutôt, leur teint cireux annonçait la mort, et cependant leurs yeux brillaient.

Un de ceux couchés sur ces branches voulut parler, ce fut Savo qui donna la réponse ; alors le blessé sourit et fit un signe de la main. Il voulait une cigarette : j'en roulai prestement deux ou trois et le blessé en fuma la moitié d'une. Le convoi se remit en marche et les cris recommencèrent.

A cinquante pas derrière les hommes et les chevaux, cheminait une femme; ses cheveux noirs déroulés flottaient sur ses épaules, elle sautait d'une pierre à l'autre sans regarder à droite à gauche, sans même faire attention à nous; elle poussait des cris d'une voix forte avec une modulation étrange. C'était la femme d'un des blessés.

J'appris plus tard que la veuve d'un guerrier suit le corps qu'on emporte en chantant la complainte de mort, célébrant la vaillance et le courage du héros qui est tombé. Il en est de même quand celui-ci n'est que blessé. Cette apparition fantastique se perdit bientôt dans les gorges, mais pendant quelques minutes encore nous entendîmes ces cris lugubres.

La guerre, le métier des armes, la vie aventureuse, voilà l'existence du Monténégrin; ces pauvres femmes qui transportent les munitions, qui accompagnent leur mari au combat, sont convaincues qu'il n'est pas de plus belle mort que celle que trouve un guerrier devant l'ennemi. C'est une des causes de la misère qui règne au Monténégro et dans toutes ces contrées sauvages; l'horreur du Monténégrin pour tout travail manuel est proverbiale : ces orgueilleux personnages croient à leur mission; s'adonner aux vulgaires occupations domestiques leur paraîtrait une ignominie, ils laissent ce soin aux femmes; eux courent les bois et battent les buissons. Les peuples civilisés, qui considèrent tous les jours davantage la grande ressource

du pâturage et du labourage comme une des ma-
melles de l'État, ne feront jamais entrer cette idée
dans la tête d'un de ces vaillants mais vaniteux personnages. Étant à Tzettinié, une dame européenne,
épouse d'un haut fonctionnaire de la maison du prince,
me racontait qu'une mère était venue se plaindre à
elle de ce qu'on occupait son fils à porter des dépê-
ches. Le bonhomme avait dix-sept à dix-huit ans.

— Eh quoi ! disait la mère, mon fils est obligé de
porter un sac, de faire un métier de femme au lieu
de se battre contre le Turc ; qu'on le tue, cela vau-
dra mieux !

Ailleurs, ce fut un jour une petite révolution qui
éclata, parce qu'on obligea des guerriers à emporter
une femme blessée ; ils trouvaient cela au-dessous de
leur dignité !

Quand les guerres seront terminées, le prince Nikita aura beaucoup à faire pour ramener ses braves
dans le sentier de la paix ; quant au travail, c'est
autre chose : les montagnards continueront à porter
des gilets éclatants, des ceintures chargées d'armes
de guerre ; ils fumeront des cigarettes, ils écouteront
les hauts faits que leurs bardes improvisent et qu'ils
chantent en les accompagnant sur une guitare à trois
cordes de crin ; quant au travail, c'est l'affaire des
femmes. Parmi tous ces sénateurs et dignitaires, plusieurs, beaucoup même, sont instruits ; ils auront en-

tendu parler de Cincinnatus, mais ils ne l'auront jamais compris.

Pendant tout le reste de la journée, à mesure que nous approchions d'Antivari, les convois de blessés devenaient plus nombreux; parfois il en passait jusqu'à dix et quinze transportés à dos d'homme ou de cheval; quelques-uns trépassaient en route, sans se plaindre, sans pousser un cri ou un gémissement, bien que le cahotement du brancard ou l'allure du cheval ait dû faire horriblement souffrir tous ces pauvres diables.

Parfois, trois ou quatre femmes trottinaient ensemble derrière le transport, leurs chants lugubres alternaient; quand l'une avait cessé sa complainte, l'autre la reprenait plus fort encore.

Et puis avec ces convois cheminaient des guerriers et des femmes pliant sous le poids du butin. Tout ce monde venait d'Antivari : la ville avait capitulé, le pillage avait commencé. Je vis passer des ustensiles de cuisine, des tapis, des parasols orientaux, des divans, vieux meubles, tables, des armes, des harnachements, des objets de toilette; et tous ces gens, pesamment chargés, courent de roc en roc de leur pas élastique, empressés à aller abriter le butin de guerre.

C'est qu'ils sont bien un peu pillards, ces fiers

héros des montagnes Noires ; la gloire a ses charmes
pour eux, mais le butin en a bien davantage, et nous
allons voir à Antivari ce dont sont capables ces re-
doutables montagnards.

Nous descendions une montagne escarpée, tirant
le cheval par la bride ; le malheureux roulait, glissait,
culbutait vingt fois ; ce fut une dégringolade vertigi-
neuse à travers les ronces et les épines, les bruyères
et les torrents.

Et puis on entend tonner la poudre : à gauche, ce
sont des coups de feu, devant nous le grondement
du canon. Par-dessus les rochers on voit des prairies
verdoyantes, des vallées avec des filets d'argent : c'est
la belle Albanie où fleurissent presque toute l'année
les roses d'Orient ; des forêts d'oliviers, de lauriers et
de myrtes forment des taches vertes et des vagues
sombres au milieu des champs.

Nous sommes en plein janvier, et, tout surpris, je
cueille une églantine épanouie, des clématites et des
boutons d'or.

Entre deux rochers gazouille une hirondelle.
Avoir, il y a trois jours, quitté Tzettinié en plein
hiver, et tomber brusquement dans le printemps et
les fleurs !

Nous voici à peu près dans la plaine, nous tour-

nons un mamelon et nous voyons la mer Adriatique
dans toute sa splendeur; nous passons à côté d'une
batterie déserte, bouleversée; les canons sont brisés
et démontés, les roues à vingt pas de la pièce qui
gît sur le sol comme un cadavre; voilà les premiers
vestiges de la destruction et de la guerre.

Tout à coup, devant nous se dresse, sur un rocher,
Antivari, l'Antibarium des Romains, le Bar des Turcs.

La ville est adossée aux rochers qui la dominent,
des forêts sombres forment le fond du tableau. Avant
la guerre ce dut être, de la place où nous sommes,
un spectacle magnifique que celui de cette ville avec
ses mosquées et ses minarets d'un blanc éclatant.
Mais aujourd'hui c'est sinistre. Les minarets sont
coupés par le milieu, il n'y en a plus qu'un, ébréché,
qui est debout par un miracle d'équilibre; ce frag-
ment de tour blanche domine le plus épouvantable
fouillis de murs noircis, renversés, troués, de débris
de toute espèce, de décombres fumants et informes.

Et puis le soleil couchant éclaire de ses rayons d'or
ce tableau de l'Orient en feu, les rocs perpendiculaires
semblent peints en rose; le soleil descend lentement
dans les flots de la mer; les teintes, de rouge, deviennent irisées, puis bleuâtres, et l'apparition s'évanouit.

Autour de nous des haies vertes, quelques champs
d'orge, des jardins, des chaumières, puis des trou-

eaux de moutons et de chèvres qui broutent les ousses des arbustes sur les bords d'un torrent.

Berger albanais.

Les Albanais et les Albanaises qui gardent les troupeaux ne regardent guère le grand tableau d'un soleil couchant se jouant dans les ruines d'une

ville : les femmes filent, les hommes fument le chibouk.

A part la batterie bouleversée et la ville en ruine,
ce serait à ne pas croire que la guerre a passé par là;
l'homme s'habitue très vite à tout ici-bas.

IV

C'est en 1571 que le vaillant podestat vénitien Luigi
la Muta dut rendre au renégat calabrais Occhiali la
cité d'Antivari. Les Turcs s'installèrent dans le pays
et s'y maintinrent malgré le désastre de Lépante.
C'est alors que le grand vizir Suleyman disait à l'envoyé vénitien Barbaro : « Le désastre est grand, mais
votre victoire vous a coûté un bras, tandis que pour
nous c'est la perte de notre barbe !... Celle-ci repous-
sera, mais votre bras ne reviendra pas. » Huit mois
après, 300 galères turques appuyaient les propositions de paix ; Antivari dut capituler et, depuis lors,
les Turcs y sont restés.

Elle se dressait fière, la belle ville d'Antivari, l'Antibarium des Romains, des croisés et des Vénitiens,
le Bar des Turcs, au milieu du plus merveilleux des

paysages. Derrière elle la montagne avec ses sources d'eau pure. Un magnifique aqueduc romain déversait dans la ville des flots d'eau glacée ; des bazars, des boutiques de toute espèce entouraient la citadelle dont les gigantesques murs de vingt pieds d'épaisseur semblaient devoir défier les plus gros projectiles ; des minarets blancs comme neige s'élançaient hardiment au-dessus du fouillis des toitures élégantes des maisons turques.

Dans la vallée, le torrent roulait ses eaux cristallines à travers des rocs, entre deux haies d'églantiers ; dans les jardins disposés en étages le long des rampes on voyait, à travers les cyprès et les ifs, de vieux dignitaires turcs assis sous les arceaux de feuillage, vivant dans une béatitude éternelle ; le soleil du midi ne pénétrait pas dans ces ombreux méandres, et la bora ne secouait que les pointes des cyprès.

Des groupes de femmes turques vêtues de blanc, traînant nonchalantes leurs galoches jaunes, erraient dans ces jardins fleuris, jetant les yeux au delà des bosquets, vers l'horizon où de temps à autre passait un vapeur laissant derrière lui une longue traînée de fumée bleuâtre. Les jours se suivaient pareils les uns aux autres ; aucun événement ne venait troubler le chef des pachas ; l'aurore se levait et le crépuscule revenait sur cette ville heureuse qui n'avait besoin de rien, pas même de l'administration des pachas.

La nature lui avait tout donné : un sol merveilleu-
ment fertile, un climat doux, des produits que la
rre renouvelait sans cesse.

Au pied des rocs, sur lesquels se dresse une église
âtie par les croisés et transformée en mosquée,
étendait le « jardin des oliviers ». Les arbres sécu-
ires, vieux de mille ans, continuaient à donner
ux générations d'abondantes récoltes ; les pachas
éclamaient leur part, qui leur était volontairement
bandonnée. Au loin, la mer fournissait aux habi-
ints des pêches miraculeuses, l'abondance et la joie
égnaient dans ce coin de terre perdu et oublié de
Europe.

Parfois, quelque voyageur arrivé par un des va-
eurs du Lloyd qui touche la rive pendant quelques
nstants, s'aventurait jusque dans la ville ; il marchait
éniblement dans le lit du torrent sur les blocs de
ochers qui forment la route d'accès à la ville ; il ren-
ontrait quelque vieil habitant qui le saluait au passage
n lui disant : « Allah vous comble de ses biens, et
uissiez-vous, arrivé au but, être amplement récom-
ensé pour cette fatigue passagère ! » Et il avait raison, ce vieil habitant ; car, arrivé dans la ville, le
voyageur oubliait la pénible ascension dans ce coin
le terre favorisé du ciel.

Le tableau de la paix, de la tranquillité et du bon-
heur domestique était partout, et c'est à peine si

derrière les murs du fort vénitien l'explorateur aper-
cevait le fez rouge de quelque enfant de l'Yémen au
service du padischah.

Les grands canons n'avaient, depuis des siècles,
fait entendre leur grosse voix, et le clairon ne son-
nait guère que les appels à la prière du soir.

Un jour, ce tableau changea.

Du haut des pics les guerriers slaves firent retentir
les échos de la montagne de leurs chants belliqueux;
comme une avalanche les enfants des montagnes
Noires descendirent vers cette terre promise.

Les bataillons succédaient aux bataillons, occupant
les versants des coteaux, les pointes des rochers, les
jardins, formant des camps dans la plaine.

C'était l'armée monténégrine qui venait assiéger
Antivari.

Les Monténégrins, émerveillés par cette riche nature, s'installèrent dans la contrée avec la ferme intention de ne plus quitter le pays.

Ils avaient laissé leurs montagnes couvertes de
neige et de glace, et ils entraient dans un pays où, en
plein hiver, des fleurs s'épanouissaient sur les bords de
l'eau, le soleil doux et chaud rappelait le printemps,

C'était l'armée montéuégrine qui venait assiéger Antivari.

les oliviers n'avaient pas perdu leurs feuilles vertes ; ce fut un immense cri d'admiration dans cette masse guerrière.

Des groupes coururent à la mer, entrant dans l'eau jusqu'à la ceinture ; ils goûtèrent à cette eau, et ce fut leur première déception. — Oh ! s'écriait un guerrier de Niégousch, l'eau de nos montagnes est meilleure que celle-là !

Le gouverneur turc, en voyant cette invasion, comprit que la guerre avait brusquement fait irruption, il était sans nouvelles de son maître, mais avec ce fatalisme des Orientaux, il subit le coup du sort, et, s'enfermant dans la citadelle, il décida de résister. Et il résista en effet jusqu'au moment où tout ce qui se tenait debout fut renversé, maisons et mosquées, minarets, magasins, édifices publics. Des monceaux de pierres, de briques, des tours brisées par le milieu, un immense amas de décombres, c'est tout ce qui resta de la ville.

Au moment où j'arrivais devant Antivari, par une soirée de janvier, la ville avait capitulé, les ruines fumaient encore ; des groupes de guerriers, accroupis autour des feux dans les villas perdues au milieu des lauriers et des ifs fumaient la cigarette ; les femmes, accourues des montagnes, faisaient bouillir le café.

Ici et là on entendait les monotones harmonies de
la gouzla. Nous descendîmes vers la ville, à travers
d'énormes tas de pierres et de tuiles de plusieurs pieds
de haut; nous suivions le mur de la citadelle qui se
dresse à cent pieds au-dessus de nous.

Un gigantesque escalier de pierre conduit à la poterne. Nous rencontrons chemin faisant des dignitaires
monténégrins qui nous annoncent que le quartier
général est à Dulcigno, à cinq heures d'Antivari; mais
on m'annonce aussi que le consul général de Russie,
M. Jonin, est installé dans une villa au sommet du
coteau, et trois guerriers m'y conduisent, annonçant
chemin faisant à leurs camarades que je suis un
« doctor ruski ».

On me prend pour un Esculape russe.

L'honorable consul général de Russie semble un
peu décontenancé à la vue de ces deux voyageurs et
de ce cheval, qui tombent brusquement dans une ville
dépourvue de tout.

Après explication, cependant, le représentant de
l'empereur de Russie s'empresse de m'accueillir sous
son toit.

On me fait avec de la paille et une natte un lit pour
la nuit dans une chambre nue criblée par les balles.
Comme je n'avais rien mangé depuis la veille, on

me coupe une tranche de pain, un morceau de viande sèche, du thé, des figues ; voilà un magnifique souper pour un affamé ! Savo s'était rapidement entendu avec les guerriers et les périaniks de garde à la villa. Son cheval, attaché par le pied, broutait à pleines dents herbes et paille. La nuit était descendue, les feux brillaient de tout côté, on entendait le chant des montagnards, puis de fréquentes détonations. C'étaient les maisons qui sautaient. En effet, elles étaient pleines de poudre et de cartouches : de temps à autre, elles prenaient feu et sautaient.

M. Jonin me présenta à son personnel : M. Wrangel, gentilhomme de la cour de Russie, chargé de nourrir soixante mille réfugiés et deux cent mille Monténégrins ; M. Speyr, son secrétaire, ancien attaché consulaire dans l'intérieur albanais et de qui je tiens une foule de renseignements sur ce pays absolument inconnu encore aujourd'hui.

Nous causâmes longtemps des choses du jour, c'est-à-dire de la guerre, des Turcs, de leur régime et de la durée de la lutte. Puis je me jetai sur ma natte, et, couvert d'un magnifique tapis de table turc, la tête sur ma sacoche, je m'endormis à la grâce de Dieu, malgré la violente bora ou vent des montagnes, qui secouait la villa de bois à la démolir, et qui sifflait plaintive à travers tous les trous de balles, comme au travers d'une écumoire.

V

EN ROUTE POUR DULCIGNO. — VILLE PRISE. — COMBAT DE RUE. — FEU AU BAZAR. — RÈGLEMENT DES INDEMNITÉS DE GUERRE. — LE BUTIN DU VAINQUEUR.

Le soleil s'est levé, ses rayons frappent directement la façade de la petite maison de bois dans laquelle s'est installé M. Jonin, conseiller diplomatique du prince Nikita et agent politique de la Russie ; la bise souffle à travers une multitude de petits trous percés par les balles des Turcs : c'est une musique plaintive et incessante.

Pendant deux mois, la maisonnette qui domine le ravin a reçu une pluie de plomb ; pendant la nuit, les Monténégrins bardaient l'édifice de planches et de plateaux : le lendemain, le feu recommençait incessant. Le soleil, à son tour, se joue dans ces vides ; il forme des arabesques fantastiques, au dehors il inonde de ses rayons un magnifique paysage. L'Adriatique est en face bleu turquoise ; à gauche, les immenses ro-

chers contre lesquels Antivari est accrochée ; au-dessous, le ravin avec son fouillis de villas et de jardins,
d'où s'échappe la fumée des feux qu'ont allumés les
Monténégrins.

A peine le jour a-t-il paru que les explosions re-
commencent : ce sont les cartouches oubliées, les
obus non éclatés qui s'allument et blessent ici et là
quelque pauvre femme.

Le sol lui-même est jonché de plomb et de débris
de fer ; ce fut pendant soixante jours un roulement
incessant... mais la relation détaillée de ces misères
viendra à son tour ; pour le moment, le canon tonne
au sud, il s'agit de rejoindre l'état-major du prince
et le gros des troupes qui bataillent autour de Dulcigno.

Savo s'est, nous l'avons dit déjà, parfaitement entendu avec les périaniks de garde dans notre maisonnette, et avec Militza et Zorca, deux Monténégrines
qui sont employées aux gros ouvrages de la maison.
Ce sont deux magnifiques filles comme on en voit peu
dans les tribus, deux véritables types de Monténégrines ; leurs grandes tresses noires pendent sur les
épaules, elles trottinent à droite et à gauche nu-pieds,
travaillant du matin au soir sans s'arrêter un instant,
comme ces oiseaux qu'on ne peut jamais surprendre
immobiles : on ne voit jamais ces pauvres créatures
inoccupées.

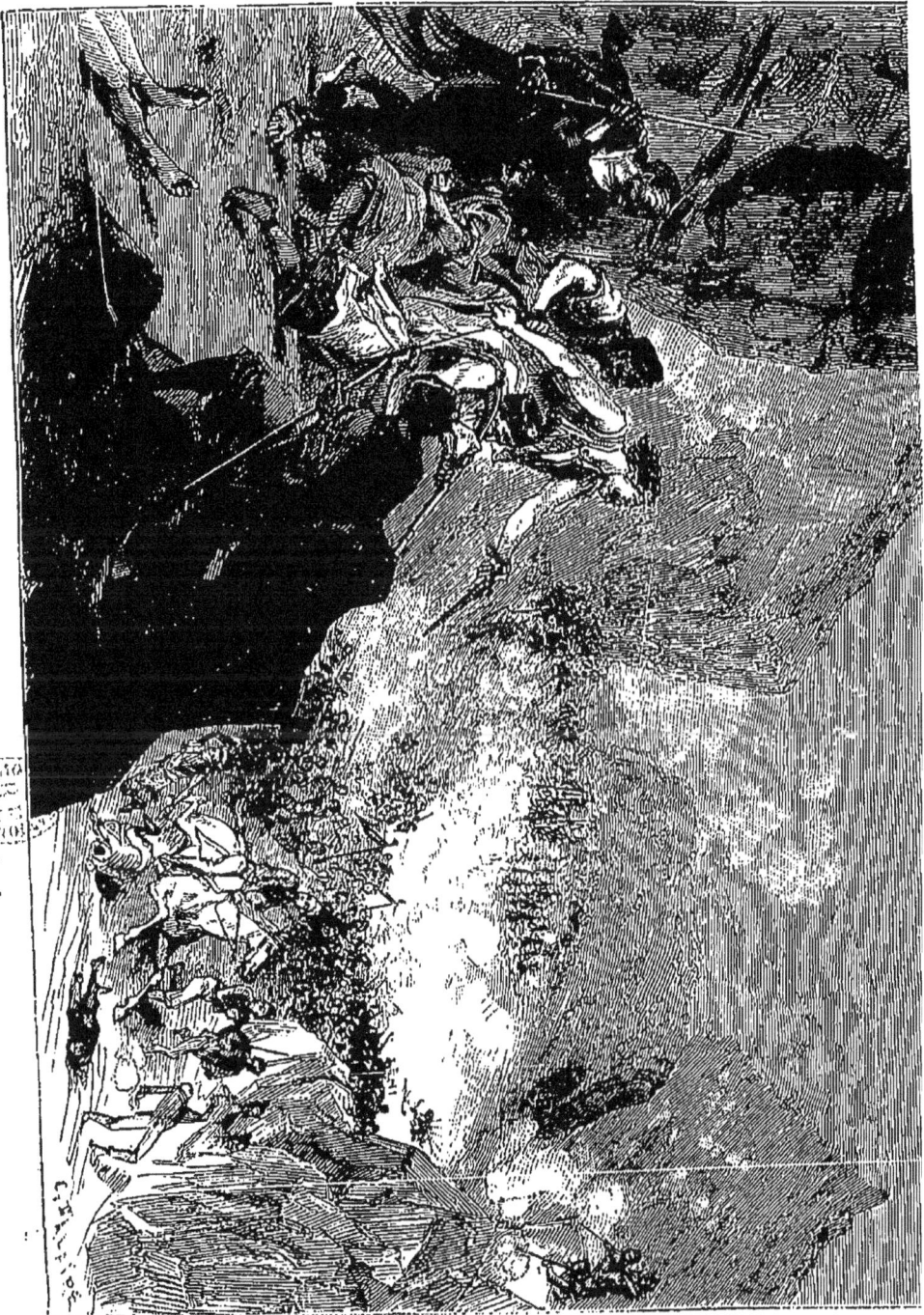

Combat entre les Turcs et les Monténégrins.

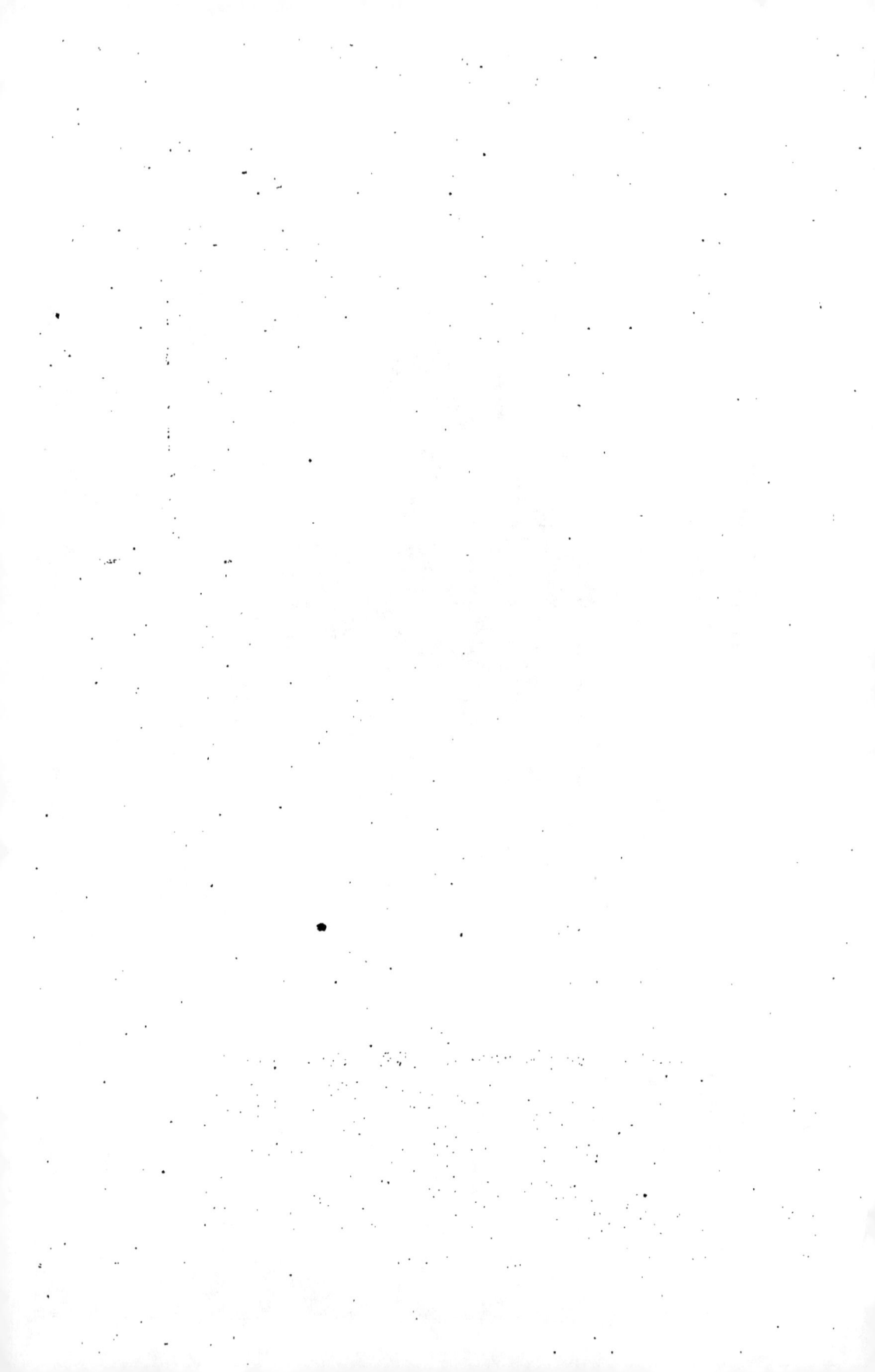

On entendait au loin le grondement sourd du canon : c'étaient les cuirassés turcs qui, suivant la côte,
lançaient des obus sur les bataillons monténégrins
qui marchaient vers la Bojana.

Trois heures, de route le long des côtes du golfe
l'Antivari et nous arrivions au promontoire du
sud. Au loin, une immense colonne de fumée mon-
tait au ciel, le grondement du canon était incessant. Vers midi, le canon cessa de tonner, mais la
fumée devenait de plus en plus épaisse : elle couvrait l'horizon et s'étendait fort en avant vers la
mer.

Au bout d'une heure, les convois de blessés avaient
recommencé à passer, toujours escortés par des
femmes qui chantaient en complainte lugubre les
hauts faits des victimes.

Au loin, bien en avant dans la mer, presqu'à perte
de vue, des bâtiments de guerre semblaient cheminer
vers le sud. Bientôt, au milieu de la fumée, nous dis-
tinguons des édifices blancs, un coteau, un vaste
édifice sombre au sommet duquel flotte le drapeau
rouge et blanc du Monténégro ; on vient de le hisser :
justement, le troisième et dernier retranchement venait d'être pris, le grondement que nous avions entendu était la dernière tempête ; deux bataillons monténégrins chassaient, en ce moment, à travers les
rues de Dulcigno, les défenseurs du dernier ouvrage ;

ceux du premier et du second avaient capitulé la
veille.

C'est Vrbitza, le vaillant woïwode, qui a conduit
ses braves à la dernière rescousse. Il y avait à peu
près huit jours qu'Antivari s'était rendu, les bataillons s'ennuyaient dans les ruines, ils demandaient à
marcher sus aux Turcs. Vrbitza choisit deux bataillons : l'un remonte la route de Scutari, l'autre, afin
d'échapper aux obus des cuirassés turcs, marche de
nuit; les deux bataillons arrivèrent tous deux à heure
fixe devant Dulcigno : on devait attendre l'arrivée de
la colonne et de l'artillerie, mais les canons de Dulcigno commençaient à tonner. Vrbitza dit à ses
hommes :

— Mes enfants, le prince a voulu que ce soient ces
deux bataillons qui aient l'honneur de prendre la
ville; marchons!

Une seule petite pièce, apportée à dos d'artilleurs,
est mise en batterie; mais les Monténégrins n'ont pas
le temps d'attendre les effets du feu : ils se lancent
dans le premier ouvrage, l'emportent et font prisonniers quelques centaines de nizams et de rédifs qui
croyaient le défendre. Devant le second ouvrage la
scène fut plus terrible, on se fusillait à bout portant;
sous les oliviers on a installé un premier lazaret, les
blessés sont dans un état lamentable, des balles tirées
à bout portant ont dévié et fracassé les os; deux mé-

On amena des ôtages.

GILBERT

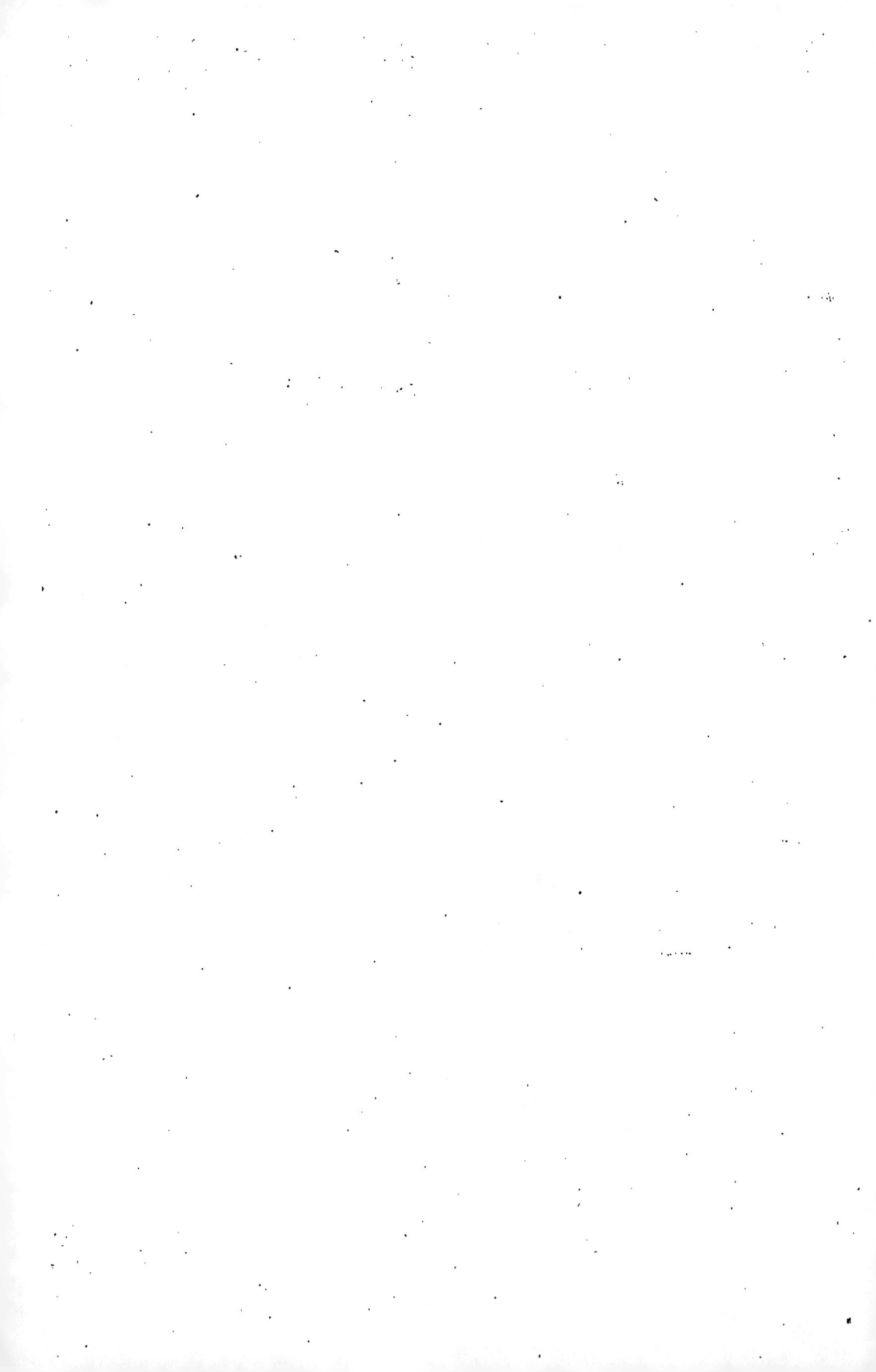

cins russes qui pansent les blessés m'assurent que
s cas sont fréquents dans cette guerre où les enne-
is s'abordent avec fureur.

Les défenseurs du second ouvrage se sont rendus
i ne sait trop pourquoi, sauf trois cents rédifs qui ont
impé dans le troisième ouvrage. Le matin même,
ttaque du troisième ouvrage avait eu lieu ; les Mon-
négrins déplaçaient leur petite pièce afin de tromper
nnemi, les cuirassés turcs tiraient par-dessus la ville
leurs obus bouleversaient tout dans la campagne.
uatre fois de suite l'assaut fut donné ; après cinq
eures de lutte le drapeau blanc était hissé ; un va-
eur, la frégate *Smyrna,* quittait la rive chargée d'une
rtie des défenseurs de Dulcigno et filait vers le sud.

On se battait dans la campagne, dans les rues ;
uelques détachements de pauvres diables, traqués
omme des bêtes fauves, ne savaient plus où se ré-
igier et pénétraient dans les maisons, d'où ils tiraient
ur les Monténégrins ; peu à peu cependant le feu
essa sur toute la ligne ; dans les rues on désarmait
s Turcs : nizams, rédifs, bachibouzougs rendaient
urs armes, on en faisait des tas énormes : il y avait
i et là des monceaux de carabines damasquinées,
rmes superbes plaquées d'argent, vieux fusils de fa-
ille en fer travaillé, carabines perfectionnées, hand-
rs à manches d'ivoire garnis de rubis. Moi-même,
fus chargé de rapporter un magnifique sabre que
rbitza avait enlevé lui-même à un officier turc ; la

poignée était en or ciselé, sur la lame je lus distinc-
tement gravé dans l'acier :

> Per la patria et per l'onnor !
> Per la donna dell mio cuor !

C'était sans doute une arme datant de l'époque de
gloire de Venise ; le brave Turc n'aurait su lire cette
devise à laquelle du reste il n'aurait rien compris.
La patrie et l'honneur sont deux choses envisagées
d'une manière bien différente par le Turc. Le beau
sabre vénitien a été remis au jeune prince héritier
du Monténégro, qui le porte fièrement au côté.

Dans la bagarre d'une ville emportée d'assaut, le
feu avait éclaté au bazar. Au moment où j'entrais
dans la ville, suivi de Savo, les étoffes flambaient,
l'air était imprégné de cette odeur âcre du linge
brûlé.

Les femmes criaient : « Bogami ! » (mon Dieu).

Les hommes regardaient silencieusement, sans
bouger, les flammes qui gagnaient la partie du bazar
où se trouvaient les ateliers de sellerie. Heureusement, un détachement de Monténégrins accourut, et
en une heure le feu fut éteint ; le tiers du bazar était
en cendres, cent marchands, ruinés. En ce moment
la cloche d'une petite église catholique se mit à tinter,
je vis un grand périanik porteur d'un drapeau ; à côté

le lui un homme que je reconnus immédiatement
marchait vers le port, derrière un groupe d'officiers
monténégrins. Le périanik portait le drapeau de la
forteresse, gigantesque tissu de laine verte tout cha-
marré de préceptes du Coran, avec le croissant et
l'étoile. Au port le prince s'arrêta, il y avait foule ;
en un instant, des centaines de Dulcignotes entou-
rèrent le prince, il y avait dans cette masse de gens
des Turcs désarmés, des fillettes couvertes de voiles
blancs, des Albanaises avec leur petite veste bleue,
des femmes turques, épouses d'officiers disparus,
puis des enfants, un pope, un prêtre catholique.
Chacun voulait approcher le prince : le prêtre récla-
mait son traitement, les femmes turques voulaient
des secours pour retourner à Stamboul, les Dulcignotes incendiés sollicitaient des indemnités. Un
coup de clairon retentit : le prince, d'une voix forte,
annonça à la foule que la ville faisait désormais partie
de la principauté ; il promettait protection à tous et
il terminait ainsi :

— Je compte que vous serez, vous aussi, de braves
Monténégrins !

L'entourage du prince cria : « Zivio ! » Mais la
foule resta muette. Un rédif, en ce moment, réussit à
fendre la foule ; il tirait un âne sur le dos duquel était
juchée une femme turque enveloppée de son jach-
mack. Cette pauvre femme était la veuve d'un jeune
major turc, tué au commencement de la bataille ; elle

était de Mostar, du pays de Savo, et elle désirait y être renvoyée. Plus tard je vis partir la pauvre veuve escortée par des périaniks ; le prince avait donné les ordres nécessaires pour qu'elle fût ramenée chez elle.

Un quart d'heure après, on amena des otages, notables Dulcignotes qui garantissaient sur leur tête l'ordre dans la ville ; puis les curieux se retirèrent ; les solliciteurs seuls, au nombre de quelques centaines, tenaient bon : ils avaient vu arriver deux périaniks chargés d'énormes sacs ; le secrétaire du prince, un Serbe, distribuait les florins à pleines mains, pendant que le prince s'entretenait familièrement avec le pope et le prêtre catholique, le paroccho don Michele Vuchsanowitsch, dont le traitement arriéré fut payé.

Braves gens ! ils ne perdent pas leur temps en paperasserie : séance tenante, on satisfait les plus pressés.

Spectacle étrange, vraiment oriental ! une poignée de montagnards s'empare d'une ville fortifiée, défendue par une citadelle et par 4,000 réguliers et irréguliers ; en mer, trois cuirassés turcs qui auraient pu réduire ce nid d'aigle en cendres ! Le butin était énorme : fusils, canons, chevaux, caisses, trophées, d'immenses approvisionnements de biscuit et de riz, 1,500 prisonniers. Ils étaient accroupis sur le sol, immobiles, comme insensibles à ce qui venait de se passer. Je les vis le soir obéir docilement aux Monténé-

grins qui les emmenaient à la citadelle, d'où ils partaient chargés de sacs et de caisses de biscuit. C'étaient
de beaux gaillards, forts et vigoureux, qui auraient
pu se défendre ; mais Allah a voulu que Dulcigno
tombât aux mains des ghiaours ! *Alla kerim !...*

VI

La nuit était descendue, une belle nuit du Sud ; au
ciel les étoiles brillaient à travers les couches de fumée, c'était un bruit incessant de gens errant dans la
rue ou dans les jardins du coteau, de détachements de
miliciens monténégrins qui trottinaient de la citadelle
au camp et du camp au bazar. L'inquiétude était partout, car les trois cuirassés turcs allaient sans doute
revenir et bombarder la citadelle ; mais rien, aussi
loin que la clarté pouvait le permettre : on pouvait
voir la nappe d'eau déserte, les cuirassés avaient disparu vers le sud.

Savo, en cherchant à droite et à gauche, avait
trouvé une chaumière albanaise ; on nous fit place
autour du feu, avec les chèvres, les poules et des

femmes qui filaient quenouille en main ; sur la braise
le renégat fit rissoler des quartiers d'agneau passés
dans la baguette de son fusil ; une jarre de vin circula,
puis, les pieds au feu, nous nous endormîmes dans la
ville prise.

Le matin, les nizams occupaient encore la ville ;
le soir, les voisins du Monténégro en avaient pris possession.

Le lendemain, dès l'aube, les montaganrds étaient
rangés sous les oliviers, dispersés par bataillons ; par
groupes, les femmes formant le train de chaque corps
attendaient, pesamment chargées, le signal du départ ;
pauvres créatures, inconscientes de leur situation,
elles subissaient la loi impitoyable des pays d'Orient :
l'homme est le seigneur, la femme la servante. Il en
était qui avaient sur le dos de véritables pyramides
de butin de guerre : tables, divans, étoffes, ustensiles
de cuisine, jarres, bouteilles, aliments. Elles riaient
toutes de contentement et de satisfaction : c'est qu'elles
portaient sur le dos des trésors pour l'intérieur domestique. Se figure-t-on un divan turc dans une de
ces misérables chaumières monténégrines où il n'y a
pas de fenêtres, pas de plancher autre que le sol
battu, pas d'autre ornement que des épis de maïs accrochés au toit, avec des brides, des fusils, des hand-
jars de famille !

Quant aux guerriers, accroupis sur le sol, fusil

entre les jambes, fumant la cigarette, ils devisaient
des choses du temps et de leurs hauts faits.

Beaucoup de ces braves portaient sur le dos, attaché par une ficelle, quelque vieux et vulgaire riflard
à poignée majestueuse, à vaste envergure. C'est un
travers curieux qu'ont ces peuples à moitié primitifs
de s'approprier les objets qui appartiennent à un de-
gré de civilisation plus élevé.

J'ai vu ces braves gens en Bulgarie, en Afrique,
sur la côte d'Asie et au Maroc, épanouis d'aise à la
vue d'un parapluie! Et à Dulcigno, deux ou trois
marchands de ces objets domestiques étaient accourus
presqu'en même temps que les colonnes pour offrir
aux guerriers bien pourvus de florins leur stock de
marchandise défraîchie. Et cependant les pauvres
diables de miliciens, avec leurs guenilles d'une espèce de laine jaune tissée dans le pays, ou leur lourde
peau de mouton ficelée autour du corps, ou leur
grande *struka* nationale, défiaient et bravaient les ra-
vages de l'eau du ciel ou du soleil d'hiver...

L'ordre de partir était arrivé : un signe, et les bataillons étaient en marche ; point de ces commandements
sonores, de roulements de tambours, de fanfares,
d'alignements, de bruits d'armes manipulées au com-
mandement : les hommes se massent et disparaissent.
Leurs *opankis,* sorte de sandales en peau de bœuf ou
de mouton, ne faisaient aucun bruit sur le sol ; c'est

une masse qui s'ébranle silencieusement d'un pas
élastique moitié trottinant, moitié marchant. Dans
l'espace d'une heure la contrée était évacuée : il ne
restait plus à Dulcigno que quelques centaines
d'hommes chargés de garder la citadelle et de faire
la police de la ville.

Nous nous mettons en route pour suivre le gros
des colonnes : à droite je vois passer le prince et ses
woïwodes ; le président du Sénat, M. Bojo Petro-
witsch, pour qui j'ai une lettre ; Vrbitza, le chef le
plus intelligent de l'armée, — c'est ce brave qui
commandait la fameuse légion monténégrine en Serbie ; — puis Simonitsch, l'évêque guerrier qui ba-
taillait depuis trois ans dans l'Herzégovine ; enfin
notre brave et vieil ami Péko Pablowitsch.

Hélas ! mon ami Péko a vieilli ; il court à
pied au milieu des cavaliers. Il y a deux ans,
c'était le maître de la situation, aujourd'hui, il est
tombé en disgrâce et il est humble comme un es-
clave.

Péko Pablowitsch a commis une faute militaire : il
a fait décimer deux bataillons dans la fameuse affaire
de Vucidol et laissé échapper Muktar-Pacha. C'est
là sa grosse faute.

Il s'approche de moi et, me serrant la main, il me
crie :

— Gospodino! Gospodino! et m'explique par gestes il est bien déchu de sa grandeur d'autrefois !

Je l'embrasse quand même, il en est ému : car depuis sa chute on ne lui prodigue nulle part beaucoup d'amitié.

— Et ton neveu Spasso, notre brave guide de l'Herzégovine ? demandai-je à Péko.

— Tué devant Nikschisck.

— Et Simo le Blanc ?

— Fusillé par les Turcs !

— Et d'autres ?...

— Tués, tués, toujours tués !...

Le brave Spasso n'avait que dix-neuf ans et il avait déjà exterminé une centaine de Turcs, dont un bim-aschi (major). Il lui avait fait un trou dans le dos à passer la tête, ce qui avait complètement déprécié la magnifique tunique du mort, que Péko endossait dans les grands jours. C'était un brave petit sauvage, dévoué et élevé dans la haine des *turtschi*.

Quant à Simo le Blanc, deux ans auparavant il avait eu la délicate attention de réserver dans sa cein-

ture, à mon intention, une douzaine de nez de nizams... Depuis lors, cependant, le prince avait dé-
fendu de tailler les nez, et quelques vieux guerriers
en étaient fort mécontents.

Savo avait fait à Dulcigno une provision de cette
belle mousse d'or qui brûle comme un parfum, de
ce beau tabac odoriférant ; nous en donnâmes à Péko
une poignée, elle s'engouffra dans sa ceinture. Le
pauvre diable paraissait aussi déchu en finances qu'en
honneurs.

Le jeune Matanowitsch, aide de camp du prince,
nous rejoignit ; lui aussi me reconnut :

— Ah ! quelle guerre ! quand cela finira-t-il ? Que
dit-on de nous en Europe ?

Après un moment d'entretien, Matanowitsch ajouta :

— Les jours, passe encore ; mais les nuits sont
terribles ! Si cela devait durer encore pendant des
mois, je deviendrais fou ! Heureusement, nous avons
l'armistice en perspective ; mais auparavant nous
allons marcher sur Scutari, occuper les îlots et les
fortins du lac. Reste à savoir si nous réussirons !

Nous cheminâmes longtemps de concert, et vers
la nuit nous arrivions à Antivari. Savo s'installa dans
la cour de notre villa avec les six périaniks du con-

ılat général de Russie, et moi je me blottis sur mon
ɔin. A l'aurore tout était de nouveau en mouvement.
.es deux belles Monténégrines puisaient de l'eau,

Et Simo le Blanc? — Fusillé par les Turcs.

fendaient du bois, faisaient le café, brossaient les
habits et ciraient les bottes.

Les six périaniks ne se seraient pas commis à de

pareils travaux : ils essayaient nos revolvers et examinaient le calibre des balles. Les deux Monténégrines s'arrêtaient net à dix pas des hommes, jamais elles ne s'en seraient approchées ; c'est encore un détail social : le respect de la femme pour l'homme est tel que la malheureuse n'en approche que lorsqu'elle en reçoit l'autorisation. Et, malgré cette servitude, la femme est respectée comme dans aucun pays du monde : lui manquer de respect serait s'exposer aux plus graves dangers.

Dans les guerres de frontière, ce sont les femmes qui sont fréquemment utilisées pour le service de parlementaire ; un homme serait peut-être tué : une femme, jamais ! Si l'ennemi ne veut pas entendre raison, il dit à la parlementaire : « Va-t-en ! » et la femme rentre dans les lignes.

Ce jour-là, le prince me faisait inviter à dîner, sans cérémonie, bien entendu ; il avait établi son quartier général dans la villa d'un pacha, à cent pas de la nôtre.

A midi nous nous rendîmes au quartier, gardé par les périaniks. Tout était en mouvement : on fourrait les papiers, vêtements, aliments, dans des sacs ; on emballait défroques et trophées. M. Popowitsch, secrétaire politique, le médecin du prince, les sénateurs, aides de camp, domestiques, tout le monde avait la main à la pâte. Le prince sortit peu après ; il s'avança

rs moi en me tendant la main, et il me souhaita la
envenue :

— Nous nous connaissons, me dit-il ; vous avez

Quelques vieux guerriers en étaient mécontents.

eu vos petites aventures dans nos pays; vous avez dû
supporter quelques privations ?

Tout cela fut dit en fort bon français et d'un petit
air dégagé, destiné à me mettre à l'aise.

— Ce n'est rien, Altesse, en comparaison de ce que vous avez eu à souffrir pendant cette terrible guerre ! répondis-je au prince Nikita.

— C'est vrai, répondit le prince ; la guerre est une terrible chose, mais nous espérons qu'elle approche de sa fin. Alors vous reviendrez parmi nous, et vous verrez mes braves populations adonnées aux travaux de la paix. Hier, à Dulcigno, la foule m'a promis fidélité et elle tiendra parole ; quant à appliquer à nos nouveaux frères nos lois avec justice et égalité, ce sera notre constante sollicitude ; nous traiterons nos nouveaux concitoyens en véritables frères.

Tout cela fut dit rapidement comme un petit boniment.

— Notre table est la vôtre, ajouta le prince, pour aussi longtemps que vous resterez au milieu de nous. Avant de partir, Vrbitza vous fera choisir, comme souvenir, une de ces magnifiques armes de guerre avec lesquelles les bachibouzougs nous ont accueillis à Dulcigno.

Je remerciai et nous nous mîmes à table. Un prêtre catholique romain remplaçait l'évêque à table. Il portait encore le fez des rajahs du sultan, et en plus la moustache du guerrier. Il a étudié à Rome et il aime à mêler sa conversation de citations latines. Comme le hasard l'avait placé en face de moi, il ne cessa de

parler de ses hauts faits, de sa résistance aux exac-
tions des Turcs, de ses exploits pour défendre ses

Cinq florins à un vieux coquin de Turc passé d'office
aux Monténégrins.

ouailles. Avant le potage, le prêtre à moustaches fit
la prière : puis le repas commença.

Nikita a emmené en campagne son chef de cuisine,
un Italien qui, lui aussi, a ses batteries à mettre en
position. Il n'a du reste mérité que des éloges pendant toute la durée de la campagne, et jamais le
service des cuisines n'a souffert. Cette fois-ci : un
potage, du mouton rôti et du fromage, le tout
arrosé d'un gros vin rouge. Après le repas, le
café et les cigarettes : un quart d'heure avait suffi.
Le prince se leva, nous salua les uns et les autres
et disparut avec son cousin Bojo, le président du
Sénat.

Dans la prairie, les périaniks bridaient les chevaux,
les vingt musiciens du prince accordaient leurs instruments de cuivre. Les cloches de l'église tintaient
dans leur petit clocher tout ravagé par les obus. Et
les gens accouraient, comme à Dulcigno ; les femmes, les enfants, les vieillards voulaient voir de près
le prince des montagnes Noires ; lui, donnait des
ordres, recevait des suppliques, faisait distribuer des
secours : cent florins pour l'église, deux cents pour
le prêtre au fez et à la moustache, deux cents pour
l'école, quatre cents pour les douze familles turques
restées dans les ruines d'Antivari, cinq florins à un
vieux coquin de Turc passé d'office aux Monténégrins
Il est fait d'emblée capitaine.

Le malheureux prince est affligé d'une terrible
maladie : celle de donner. Il ne cesse d'ouvrir la main,
il donne à droite et à gauche, à tort et à travers, et

puis sa bourse se vide ; alors il est dans l'embarras !
Il y a quelques jours, à l'ambulance, il avise un ga-
min de treize ans blessé d'un coup de feu : il est pris
d'émotion et lui donne sa montre d'or en souvenir.
Depuis ce jour, le prince Nikita n'a plus qu'une méchante montre en métal blanc, alors qu'autour de
lui tous ses woïwodes ont des montres d'or avec de
belles chaînes.

VII

Ces coins perdus de l'Albanie sont bien les contrées
es plus pittoresques de l'Europe : du haut de notre
olline, nous voyons, comme des murs entourant un
igantesque jardin, les parois des rochers contre les-
uels la ville est adossée. De leurs gorges coule un
orrent d'eau claire et limpide ; après cent cascades
lles viennent s'engouffrer dans un aqueduc construit
ar les Romains. A gauche se trouve la citadelle, gigantesque construction également romaine, massive
t majestueuse, assise sur des blocs qu'on croirait
voir été déposés par des Titans. Les croisés sont
venus ensuite s'arrêter dans le pays ; ils y ont construit
les églises : celle de Saint-Georges a été transformée
en mosquée.

Un hardi minaret s'élève au-dessus des ruines ;

les autres sont là, coupés par le milieu : ils ont, en tombant, écrasé les maisons autour d'eux. Celui qui reste debout semble un point d'interrogation à côté d'une phrase de drame ; il est meurtri, troué, ébréché ; il semble protester, cette fois-ci, au nom de l'islam, contre les horreurs de la guerre.

Tout autour de ce fantôme blanc, c'est un champ de ruines, un océan de débris de toute espèce ; des bouts de murs forment des dessins fantastiques. Des parois noircies, des ornements antiques ébréchés, coupés, taillés, tranchés, témoignent de la fureur des attaques.

Et dans cet immense tas de ruines, des centaines de femmes monténégrines sont déjà installées ; les Turcs n'y reviendront pas, c'est certain : là où dominent les chrétiens, ils ne peuvent pas vivre.

Tout autour des ruines de la ville, qui avait été construite dans le rayon de la citadelle, s'élève un mur construit par les Vénitiens. Il a près de quarante pieds d'épaisseur : il est garni de créneaux et flanqué de tours monstrueuses qui ont défié les bombes et les obus.

Du bas de la ville, un escalier large de soixante pieds conduit à l'entrée de la citadelle ; c'est au pied de ce mur que le vaillant podestat vénitien, Luigi da Muta, dut rendre, en 1571, la ville d'Antivari au renégat calabrais Occhiali.

Les Turcs s'installèrent dans ce magnifique pays et y restèrent jusqu'au 18 janvier 1878, date à laquelle une poignée de montagnards vinrent les en chasser.

Huit mois après, trois cents galères turques appuyaient les propositions de paix : Antivari resta aux Turcs et devint le Bar des Ottomans.

Gravissant l'escalier de la citadelle, sous les murs de l'enceinte, les Monténégrins avançaient à trente pieds des Turcs ; ils tombaient foudroyés, mais d'autres accouraient à la charge, munis de dynamite, pour faire sauter les colosses de pierre qui résistaient à toutes les explosions. A gauche, le long de l'escalier, il ne reste d'une rue que des tas de pierres ; la pluie des balles a été telle que le sol paraît gris bleu ; il est jonché de morceaux de plomb aplati, en certains endroits on pourrait les balayer.

Nous pénétrons sous la poterne : c'est sous une haute voûte que se tenait le commandant de place Ismaël-Bey avec ses trois filles ; tout autour les murs sont criblés, troués ; une odeur infecte s'échappe d'un réduit plein de guenilles, de vieilles savates, d'ordures et de cadavres. En sortant des appartements du commandant, on passe à travers cent pans de murs dont les pierres se détachent et roulent sans cesse. L'odeur augmente d'intensité : les ordures, le sang, les animaux en putréfaction encombrent le

passage. Voici une toute petite place, au centre un
petit parterre, le sol est fraîchement remué, des pierres
placées à côté les unes des autres forment le cercle;
deux petites filles turques et un petit garçon assis sur
les pierres semblent attendre qu'on s'occupe d'eux.
C'est là que sont enterrés deux cents habitants de la
ville.

Plus haut encore, une église, des mosquées effondrées, un cimetière et encore des tombes! Le sol est
jonché d'éclats d'obus, d'obus non éclatés et de
bombes pareilles à ces énormes engins de bois avec
lesquels les amateurs jouent aux quilles. Ce sont
ces projectiles qu'à l'entrée de la nuit les Monténégrins faisaient pleuvoir sur la citadelle, histoire
d'épouvanter les habitants. Ici et là, sous les abris
des murs, on remarque des tanières autour desquelles
se trouvent encore des ustensiles, verres, vases,
jarres, cafetières, puis des hardes d'hommes ou de
femmes. C'est dans ces trous que se réfugiaient les
habitants. Une fois dedans, ils ne pouvaient plus en
sortir, de crainte d'être tués.

On a relevé, six jours après la reddition de la place,
gisant parmi les morts, des blessés qui ne pouvaient
plus faire que quelques gestes. Le prince Nikita fut
si ému qu'il accorda deux pièces d'or pour chaque vivant que l'on retirerait des décombres. Les guerriers
monténégrins en trouvèrent encore trois le huitième
jour, mais ils expirèrent. L'infection était si épouvan-

table que les chercheurs, quoique Monténégrins, c'est-à-dire peu délicats, en furent malades.

Partout c'est le même spectacle qui se présente. Dans l'église Saint-Georges, transformée en mosquée, les Turcs avaient emmagasiné leur poudre : il y en a quelques centaines de caisses, des cartouches couvrent le sol, la poudre ouverte s'est échappée ici et là, elle couvre la dalle. Et nous fumons la cigarette sur le volcan.

Un peu plus loin les femmes monténégrines ont allumé un feu. Un frisson me saisit ; mais Matanowitsch et Vrbitza, qui nous accompagnent, n'ont pas plus l'air de se préoccuper du danger que s'ils fumaient leur chibouk dans la grande rue de Tzettinié. Et Vrbitza explique les phases du siège tout en continuant à fumer sa cigarette ; nous cheminons dans la mosquée en évitant de heurter du pied les obus non éclatés qui gisent de-ci de-là, comme des bouteilles vides sur des tables de cabaret.

—Ici, nous dit Vrbitza, se trouvaient les femmes des harems turcs de la ville ; elles s'étaient réfugiées dans la mosquée croyant y être plus en sûreté ; or justement c'était le point le plus élevé et le plus exposé de la ville. Il y avait deux cents de ces pauvres *hanoums* (femmes turques) blotties dans le fond de la mosquée ; quatre-vingts sont mortes de soif et de peur. Les cadavres sont restés là pendant des semaines, personne

n'osait sortir ; on couvrait les corps avec des guenilles ·
et on les traînait à l'autre bout de la mosquée. Les
survivantes étaient blotties les unes contre les autres,
épouvantées par le vacarme incessant du canon et
des obus, car nous avons lancé dix mille obus sur la
citadelle.

Nous quittons ce dangereux sanctuaire pour monter dans le minaret troué : du haut de la tour l'œil
plane sur l'ensemble épouvantable de cette ville sur
laquelle paraît avoir passé le feu du ciel ; une odeur
plus forte encore nous prend à la gorge, c'est comme
si nous nous trouvions au milieu d'un charnier. Au-
dessous de nous, à cent pieds sur les glacis, sont
étendus à droite et à gauche des bœufs et des vaches,
des moutons, des chevaux, des mulets et des ânes
par centaines. Ces corps sont à moitié ouverts par la
pourriture. Le soleil donne en plein sur ce charnier qui
empeste l'atmosphère. Mais avant d'enterrer les bêtes,
il faut jeter un peu de terre sur les cadavres d'hommes,
de femmes et d'enfants qu'on trouve à tout instant.

Nous descendons vers la partie de la ville qui, à
l'est, domine le ravin où coule le torrent ; c'est là que
se passèrent les épisodes les plus émouvants de ce
long drame. Figurez-vous un mur de cinquante
pieds de hauteur assis sur des rochers de cent pieds ;
le long de ce mur, disposés de vingt pas en vingt pas,
des tonneaux tout remplis de grenades à main, de
ces petits projectiles gros comme un œuf d'oie et

ju'on lance à courte distance. Quelques-uns de ces
onneaux sont encore pleins aux trois quarts.

Au bout du mur une sorte de souterrain qui descend vers le torrent. Quand les Monténégrins eurent
coupé l'eau de l'aqueduc romain, les assiégés en furent réduits aux provisions et à l'eau du ciel. Mais
les provisions furent vite épuisées ; quant à la pluie,
elle fut rare : les défenseurs de la citadelle et la population furent soumis au supplice de Tantale. L'eau
était là, coulant à cent pieds des murailles, bruissant
à travers les rochers, invitant les malheureux altérés
à s'approcher ; mais les abords étaient gardés : les plus
adroits tireurs des bataillons monténégrins, cachés
derrière les rochers, abattaient d'un coup de feu les
imprudents qui osaient s'aventurer au bord de l'eau.

On tenta d'aller puiser de l'eau en se glissant dans
le souterrain : chaque soir des luttes légendaires se
produisaient sur les bords du torrent ; des volontaires
pris dans chaque bataillon venaient monter la garde
autour de l'eau, et sous une pluie de balles et de grenades ils tuaient un à un les malheureux qui ten-
taient de venir puiser de l'eau et mettaient le nez
hors du souterrain. Nous descendîmes dans ce cou-
loir, d'où s'échappait là aussi une odeur nauséabonde ;
on ne peut descendre que courbé, car la galerie est
basse et rapide. A moitié chemin, un Monténégrin qui
nous accompagne crie : « Attention ! » Nous allumons
une allumette... un cadavre en putréfaction inter-

cepte en partie le passage, il fallut piétiner sur ce
tas de chairs molles pour gagner le trou d'en bas.
Arrivé à l'air, à dix pieds du torrent, je respirai en
pensant : Bravons, s'il le faut, les Turcs vivants, mais
pas les morts !

Les balles écrasées gisent innombrables sur le sol,
on en ramasserait des kilogrammes en peu d'heures.
Chaque dent de rocher est ébréchée par les coups
de feu.

Nous remontons vers l'aqueduc et nous pénétrons
dans le château, vaste édifice contre les murs duquel
sont venus rebondir les projectiles. L'intérieur est
rempli de débris d'obus, de caisses effondrées, de
tonneaux de projectiles et de barils de poudre.

Des tentes gisent çà et là sur le sol, des fez, des
fusils brisés, des fonds de culotte, une moitié de crâne
garnie de cheveux et collée à l'affût d'un canon monstre
encore chargé. Une pharmacie de campagne est ré-
duite en poussière. Le sol est couvert de larges pla-
ques de sang, de hardes d'équipement.

J'ai vu Paris après le grand siège, j'ai vu des villes
d'Espagne et d'Herzégovine après un siège, j'ai as-
sisté pendant six jours au siège de Roustchouk par
l'armée russe ; mais je n'ai rien vu de si épouvantable
que cette pauvre ville d'Antivari, dont il n'est pas
resté une seule maison debout.

Nous quittâmes la citadelle où, pendant plusieurs semaines, la garnison turque avait bravé un feu concentré qui ne cessait ni jour ni nuit. Dans une cour il y avait d'énormes approvisionnements d'équipements et de sacs; sur les bretelles on pouvait lire : « Godillot et Cie. »

VIII

L'aspect des ruines d'Antivari laisse une impres-
sion profonde : ce chaos de murs noircis formant
des dessins fantastiques, ces coupoles de mosquées
trouées, ces tours brisées, ces églises éventrées, tout
cela au milieu du plus beau paysage du monde, et
dans un coin de terre oublié du globe et dont naguère
personne ne parlait !

Dans ce petit pays que des montagnes cachaient
aux yeux, c'est à peine si deux mois d'hiver, d'un
hiver doux comme un printemps, venaient inter-
rompre la suite des jours ensoleillés.

On comprend que les Romains, qui aimaient eux
aussi les beaux paysages, soient venus s'installer
dans les vallées de l'Albanie.

Les Vénitiens surtout tenaient à ces rives enchan-
tées ; ils s'empressaient à tailler partout dans le roc
leur lion de Saint-Marc, emblème de leur république ;
aujourd'hui ce sont les Slaves qui sont maîtres du
pays : ils n'y feront prospérer ni les arts ni les lettres,
ils ne tailleront pas le marbre albanais pour édifier
des palais, et il est probable que dans cinquante ans
ce qui fut Antivari sera encore un monceau de ruines.

Toute la contrée est couverte d'oliviers vieux comme
la citadelle romaine : une cinquantaine de ces arbres
suffisent à une famille pour vivre toute l'année ; les
propriétaires payaient une légère redevance au gouvernement turc, basée sur le produit de l'année.

Les Turcs ne faisaient absolument rien pour le
pays, mais aussi ils réclamaient peu. Un jour, la Porte
décida la construction d'une route : des caisses d'or
arrivèrent de Stamboul, le pacha les déclara de bonne
prise ; puis, pour obéir aux ordres du padischah, il fit
commencer la route par les Albanais, auxquels il
payait deux piastres par jour (54 centimes). Ce fut
pendant un mois un mouvement incessant; puis peu
à peu le nombre des ouvriers se réduisit et la route
fut abandonnée ; le pacha avait gardé l'or et la route
d'Albanie était oubliée. Et il en était ainsi de tout
avec le gouvernement turc.

C'est le sort des pays riches de tenter les pauvres :
les peuples du Nord et des pays froids et peu

Scutari d'Albanie.

féconds sont attirés vers les contrées fertiles ; il faut
que les favorisés aident à nourrir ceux que la nature
a traités en marâtre !

. . . .

Avant de marcher avec les bataillons sur Scutari,
objectif final de la campagne, je voulais visiter les am-
bulances organisées par les soins de médecins russes
dans les environs de la ville, dans des vergers tout
plantés de magnifiques oliviers. Les braves Esculapes
moscovites s'adonnent avec passion aux devoirs de
leur vocation : ils ne distinguent ni Turcs, ni Monténégrins, ni Albanais ; pour eux un blessé est un
sujet intéressant qu'ils soignent avec une sollicitude
admirable.

L'ambulance principale, installée dans une ferme
turque, est, elle aussi, criblée par les obus et les
balles ; mais les blessés sont bien abrités, ils sont
couchés sur le sol et ils ont des draps blancs. Quant
aux Monténégrins blessés, impossible de les tenir en-
fermés dans une chambre, il leur faut de l'air et du
feu ; couchés près d'un brasier, ils guérissent deux
fois plus vite que les Turcs.

L'ambulance est remplie de nizams ; un pauvre ga-
min turc âgé à peine de quinze ans a été trouvé
parmi les morts, une balle lui a déchiré le ventre : il
ne peut ni se coucher, ni s'asseoir, ni se tenir debout ;

depuis trois semaines il est accroupi sur les genoux
et sur les coudes, c'est ainsi qu'il mange et boit.

Le médecin russe me dit que le pauvre garçon
vivra encore huit jours, c'est-à-dire aussi longtemps
que les corps gras de l'enveloppe du péritoine nour-
riront son corps. Je passai au pauvre diable une poignée de tabac et du sucre, car les Turcs affectionnent
tout particulièrement le sucre. Le pauvre enfant dit
tout doucement: « Falla » (merci); il tira le drap qui le
couvrait par-dessus la nuque et on ne vit plus qu'une
masse informe.

Dans une des salles se trouve un *jusbatschi*, ou capitaine de nizams; le docteur me dit que ce blessé va
très bien, mais il est persuadé qu'on veut lui couper
la tête; il ne veut pas se déshabiller, il ne dort plus,
et quand on lui parle, il tremble. Tout ce qu'on a pu
faire pour le rassurer est inutile. On a voulu lui faire
prendre un bain, cela n'a pas été possible; il garde
ses habits et sa vermine, et reste jour et nuit blotti
près du feu de la cuisine.

Quel jugement porter sur un régime qui provoque
pareil désordre moral, et chez un chef!...

Nos Monténégrins blessés sont étendus sur des
brancards autour d'un feu, la plupart sont horriblement blessés, mais aucun ne se plaint; chose remar-
quable, me dit le docteur, c'est à peine s'ils ont la

fièvre qui accompagne régulièrement toute bles-
sure.

Nous quittons cette station humanitaire, débarras-
sés des provisions de tabac et de sucre ; les blessés
seront heureux pendant une semaine, car la priva-
tion de tabac pour les Orientaux est pire que le jeûne.

Nos chevaux nous conduisent à travers les vergers
et cultures aux fortins qui gardent le petit port et les
bâtiments de la station maritime.

Là encore, tout est bouleversé et saccagé.

Cinq cuirassés turcs ont bombardé cette langue de
terre pendant trois jours ; cent Monténégrins desser-
vaient deux canons, tout a été réduit en poussière et
les canons sont à moitié disloqués ; le drapeau monténégrin n'est plus qu'un lambeau de laine rouge.

Sur la grève, accroupis sur les talons, quatre à cinq
cents nizams turcs prisonniers venaient toucher des
sacs de biscuit. Ces braves avaient été amenés de
Syrie et d'Arabie ; ils avaient bonne mine et parais-
saient fort peu regretter la capitulation. Allah avait
permis aux chrétiens de prendre la ville et de leur
enlever leurs armes : ils n'en demandaient pas davantage ; le reste était au-dessus de leur portée.

Nous rentrâmes à la nuit pour faire nos apprêts de

départ : le lendemain matin, nous allions marcher
avec les bataillons sur Scutari ; dix bataillons turcs
et quatorze canons gardaient un passage de la Bojana, où devait avoir lieu l'attaque. Les postes monténégrins échangeaient sans relâche des coups de
fusil ; l'affaire serait évidemment très sanglante.

Nous étions invités à la table du prince. Son maître d'hôtel, Italien, s'approvisionnait à merveille dans
le pays : les chaumières albanaises fournissaient des
agneaux, des volailles, du vin ; le prêtre aux grandes
moustaches était du dîner. Au moment où un gigantesque ragoût était apporté sur la table, un aide de
camp du prince entra et annonça la grande nouvelle
de l'armistice. Les combats étaient terminés. L'armée russe du Danube avait battu les Turcs dans
vingt batailles et combats ; Andrinople était occupée ;
l'avant-garde de l'armée du grand-duc était sur les
bords du Bosphore !

M. le baron de Wrangel, gentilhomme de la cour de
Russie, chargé par le gouvernement russe de pour-
voir à l'alimentation des populations monténégrines,
me proposa le même soir de rentrer au Monténégro
par une voie nouvelle, celle de la mer.

— La Porte a décrété le blocus sur les côtes, ses
cuirassés croisent sans cesse au large ; mais cela ne
peut nous empêcher, me dit-il, de tenter l'aventure :
nous gagnerons, en tout cas, quatre jours de voyage

à travers les montagnes. J'ai fait demander à Spitza
une barque et des marins ; ils partiront cette nuit,
et demain, à l'aube, nous pouvons nous mettre en
route.

J'avais présentes à la mémoire les péripéties de
mon voyage à travers les gorges et les ravins du pays
albanais ; aussi j'acceptai avec empressement la propo-
sition. Le même jour je réglai l'itinéraire de Savo et
du cheval ; il s'adjoignit à des transports qui ren-
traient à Wir Bazar, et il n'en fut pas fâché : car, au
lieu de faire la route à pied, il allait l'effectuer à cheval, comme un vrai effendi.

Au jour, le lendemain, nous descendions vers la
mer : le temps était doux comme un avril de France,
les vagues de l'Adriatique roulaient doucement sur
la grève, pas un nuage à l'horizon. Nous trouvâmes
trois vigoureux gaillards, aux fortes moustaches, oc-
cupés à aménager la grande barque qui devait nous
conduire à Castellastua et Budua.

Dix minutes après nous voguions sur la nappe
azurée ; des marsouins en grand nombre nous ser-
vaient d'escorte : ils plongeaient et faisaient les culbu-
tes les plus amusantes à vingt mètres de la chaloupe.
Évidemment ces poissons étaient heureux de revoir
une barque, ils aiment à faire un bout de conduite
aux marins ; mais depuis plusieurs mois le blocus
était décrété sur les côtes albanaises, aucune barque

ne s'aventurait hors des petits ports de la côte, la mer était aussi déserte que le Sahara.

Mais non !... car, lâchant sa rame, le patron nous montra du doigt, à perte de vue vers l'ouest, trois points noirs et une vapeur formant un dessin dans le ciel. L'escadre turque veillait au large ; mais, en admettant qu'on pût nous voir, deux heures au moins étaient nécessaires pour s'approcher de nous.

Le patron n'avait aucun souci à ce sujet, car il ne tarda pas à hisser sa voile qui devait cette fois-ci être vue, et la chaloupe fila sur les flots aussi rapidement qu'un vapeur de la compagnie turque Azizié.

A notre droite, tout le pays d'Albanie s'étendait comme un gigantesque panorama. Antivari paraissait comme un point blanc taché de noir accroché contre les rochers sombres ; des vallées, des pics, des gorges se perdaient dans le bleu de l'horizon. La petite ville forte de Nakkaïe paraissait une oasis dans un monde de pierres.

Nous faisions lever des vols entiers d'oiseaux d'eau qui, allongeant le cou, allaient se perdre dans les criques de la côte. Les trois vapeurs turcs ne bougeaient pas.

Après six heures de navigation, nous étions entrés dans les eaux dalmates. Derrière une étroite langue

le terre se dressaient les pics noirs et sauvages du
Monténégro ; le Loewchen, au sommet duquel se
trouve le tombeau du prince Mirko, était entouré
d'une couronne de nuages. Il neigeait là-haut, et nous
étions tourmentés par une chaleur torride.

Au détour d'un promontoire, nous touchions Castellastua. Tous les notables de l'endroit, pope en
tête, accoururent pour avoir des nouvelles fraîches
de la guerre. Le soir nous arrivions à Budua, jolie
petite ville remplie de patriotes. Des mules nous attendaient, et vers une heure du matin nous arrivions
à Cattaro ; les lourdes portes furent ouvertes par des
fantassins autrichiens.

Sur la petite place je serrai la main du baron de
Wrangel, et j'allai me jeter pour quelques heures sur
un matelas de la Pastrana, car à sept heures du matin
le vapeur du Lloyd partait pour Fiume.

Un voyage sur l'Adriatique, le long des côtes dalmates, est des plus agréables, quand le temps est beau ;
mais la série des beaux jours était terminée : la *bora*,
ou vent des montagnes, se leva furieuse ; pendant
trois jours nous fûmes projetés en tout sens ; le soir
du troisième jour, le capitaine, un Italien dalmate,
s'en vint jeter l'ancre dans le port de la petite île de
Lussigno-Piccolo ; il eût été dangereux de rester en
mer, le vapeur tremblait de la cale au pavillon du
grand mât.

C'était carnaval : les habitants de l'île étaient en fête, malgré la *bora*; de tout côté c'étaient des masques, des arlequins, des polichinelles; des fillettes couvertes de soie et de dentelles nous accostaient :

— *Mi vole sposar, signor? tengo du mille fiorini.* (Voulez-vous m'épouser, Monsieur? j'ai deux mille florins de dot.)

Quel changement de décor! Quitter un pays en ruine, des villes saccagées, pleines de blessés, aux prises avec la misère et le dénuement, et tomber dans un îlot où tout est en liesse, où les fillettes cherchent, à l'abri d'un loup de satin, un petit mari pour la vie.

Nous entrâmes dans le premier café de l'endroit : de braves négociants lisaient des journaux, des prêtres jouaient aux dominos. On nous invita au grand bal du lendemain, bal masqué, paré ; il fallut accepter.

Nous passâmes la journée du lendemain à parcourir ce petit coin de terre oublié des Turcs, des Slaves et autres belligérants. La *bora* continuait ses fureurs ; mais c'était le quatrième jour, elle devait tomber.

Le soir nous fîmes toilette à bord et nous nous rendîmes au bal. Toutes les fillettes de l'île s'y étaient donné rendez-vous dans les toilettes les plus charmantes. On commençait à danser, quand à la porte apparut le second du bord. La *bora* tombait, on allait appareiller et partir !

Adieu, Ivanitza (Jeanne) ! adieu, Rugitza (la rose) ! Vradoliupca (laborieuse) ! adieu, Meliza (chérie) ! et Zorca (l'aube) !

Le lendemain, accoudé sur le bastingage, je cherchais à découvrir dans les profondeurs de l'horizon le profil de cette petite île enchantée. Mais rien, elle avait disparu. Une campagne se terminant par un bal !...

FIN

TABLE DES MATIÈRES

SOCIÉTÉ ANONYME D'IMPRIMERIE DE VILLEFRANCHE-DE-ROUERGUE
Jules Bardoux, directeur.

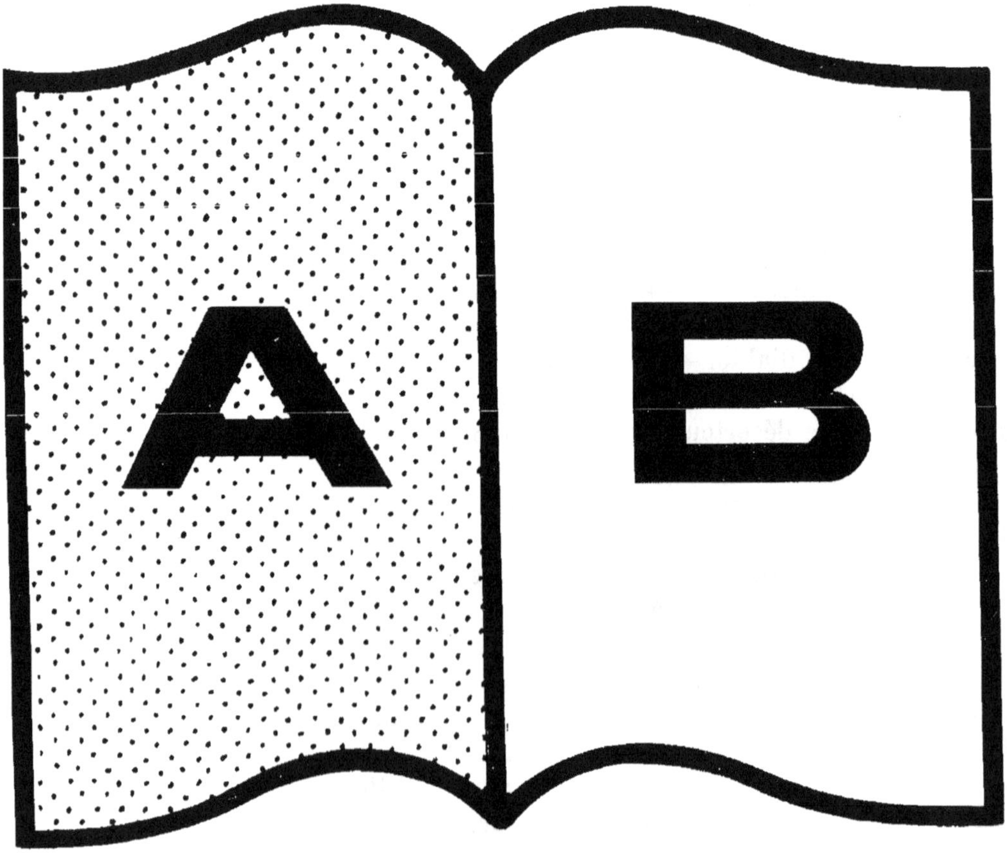
A
B

www.ingramcontent.com/pod-product-compliance
Lightning Source LLC
Chambersburg PA
CBHW051730090426
42738CB00010B/2190